親心の喪失

『学校が私たちを亡ぼす日』復刻にあたって

英語に「親心」という単語はない。辞書で調べると"Parental Love""Kindness"という単語に出会う。前者は単純に「親の愛」であり「親の心」ではない。後者は日本語における「親心」の意味が「親」の範囲を越えるために加えてある。ちなみに"Kindness"という言葉を英和辞典で調べると「親切」と出る。私たちはここでまた「親」という文字に出会う。

日本は、親心という不思議な概念をその文化の中で醸造し育んできた。「親分子分」「親方」「親玉」「親身」「親切」……。言葉の一つひとつに社会の土台となるべき「心」が垣間見える。言語における文化や歴史の比較は、その国その国の文化の差が人類にとって大切な選択肢・オプションであることを物語っている。

ところが「学校」という単語は共通して存在する。

「学校」という言葉には歴史と文化に培われた時間の重みがない。「義務教育という形で普及した……」という前提で考えれば歴史の浅い「仕組み」に過ぎない。しかし、この巨大なシステムが文化人類学、生態人類学的に考えて、人間に与える影響には計り知れないものがある。簡単に言えば「子育て」によって育っていた「親心」の喪失である。学校が普及すれば家庭は崩壊し始める。先進国を見ればこれが現実なのだ。「親心の喪失」に差があるのは、その国その地域その文化が育んできた土壌に差があるからだろう。アニミズムの土壌に仏教を加えた日本の文化が、「親心の喪失」という点から言えば、欧米ほど崩れなかったということに注目すべきである。

私が十五年前この『学校が私たちを亡ぼす日』を書いた時、「まさか」とか「そんなはずはない」という声を聞いた。欧米思考の知識人や学者たちからは、それが現実だと言っても無視された。「欧米でそこまで進んでいても、日本はまだ大丈夫」という安心感もあったのだろう。それとも欧米のやり方を伝え続けてきた彼らは、欧米の失敗を認めたくなかったのだろうか。

この本を正面から受け止め危機感を持ってくれたのは保育者たちだった。「親心の喪失」を現場ではっきりと意識していたのは、幼児と親の関係を見続けてきた人たちだった。私は、日本に欧米の失敗を繰り返させまいと、この十五年間、毎年五十回以上の講演を、主に保育者、父母、その他教育機関、団体・学会などにしてきた。そして最近、あの時の「まさか」が日本で現実になってしまったという話を頻繁に耳にする。ここ五年の日本社会の崩れ方、家庭崩壊は異常だ。保育園に限っていえば、母子家庭はすでに三割近くに達しているし、そこで起こっている幼児虐待や家庭崩壊の現状は十五年前の欧米並になってきている。何よりも価値観の変化が恐ろしい。「親心の喪失」は価値観の変化、幸福論の書き換えがその根底にあるのだ。

価値観の欧米化がいま先進国社会の最後の砦ともいうべき日本を襲っている。ここが崩れたら数十年後に、人間たちは再生への手がかりを失う。だからこそ、日本は大切な選択肢・オプションとして独自の価値観を持ち、「親心の喪失」を食い止めるために学校・幼稚園・保育園というシステムを積極的に使わなければならない。

今回、『学校が私たちを亡ぼす日』復刻にあたって、その後の私の活動を、保育誌『げ・ん・き』の連載を元に書き加えた。この連載は読者である保育者たちへの私のメッセージが中心になっている。「子育て・ジャズ・アメリカ」というタイトルで日記風になっているため、音楽活動のことが入っていることをお許し願いたい。他の三冊の著書、『子育てのゆくえ』『家庭崩壊・学級崩壊・学校崩壊』『21世紀の子育て』（全てエイデル研究所刊）と合わせてぜひ読んでいただきたい。

親心の喪失　もくじ

第1部　学校が私たちを亡ぼす日

アメリカで

日本で

第2部　十五年後〜もう時間がない〜

もくじ

第1部　学校が私たちを亡ぼす日

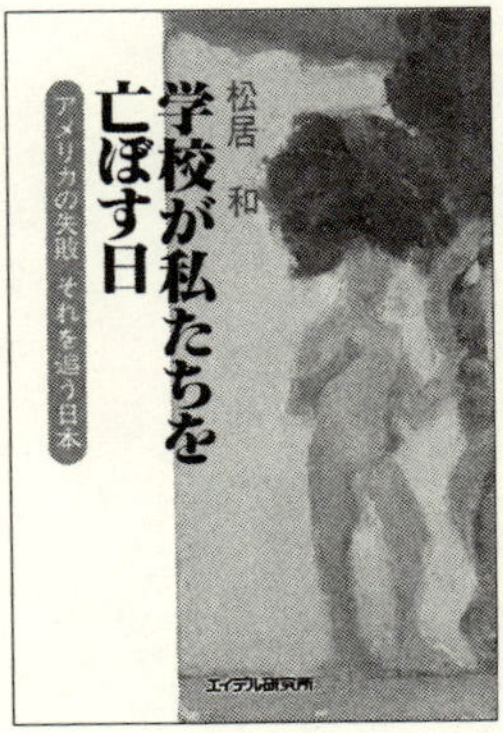

深夜のメッセージ

こんな国があるのです。

その国の大都市では、真夜中を過ぎると、奇妙なコマーシャルがテレビの画面から流れてきます。そのコマーシャルは不特定多数の、誘拐をしてしまった大人たち、親たち、そして誘拐された子どもたちに呼び掛けるメッセージなのです。「この電話番号に連絡して下さい。警察には通報しません。私たちに相談して下さい。」

夜ぼんやりテレビを見ていて、画面から部屋の中に初めてこのコマーシャルが飛び込んできたとき、私は、ああ来るところまできたんだな、と思いました。今から一年半くらい前のことでしょうか。それから、毎晩のようにこのコマーシャルは流れてくるようになりました。

そのうち、それは日常生活の中に溶け込んでしまいました。朝になって窓をあけると、街は何事もないかのように、静かにただ明るい景色が広がっているだけなのです。

第１部　学校が私たちを亡ぼす日

アメリカで

誘拐事件の背後にあるもの

アメリカにおける誘拐事件のほとんどが、家族を求めての誘拐です。

この国では、毎年十万人の子どもたちが親によって誘拐されると言われています。親による誘拐。なんとも不思議な響きを持った言葉ですが、これは、離婚後、裁判で養育権を失った方の親が、寂しさのあまり自分の子どもを誘拐する、という種類の事件を指しています。たとえ親によるものとはいえ、一度裁判所で決定されたことに逆らうわけですから、これは犯罪行為です。見つかれば子どもは連れ戻され、二度と面会できなくなります。ですから、子どもを誘拐したあと、親たちは住む街を変え、州を越え、ときには国を変え、過去の人間関係・社会環境からまったく消え去ろうとします。州を越えてしまえば、ＦＢＩに依頼しないかぎり警察の力は及びません。しかし大掛かりな麻薬事件や凶悪犯罪の解決に手一杯なＦＢＩは、親族によるこの種の誘拐事件にはほとんどタッチしようとしないのが現実です。

加えて、戸籍や住民票といったシステムもありませんから、見知らぬ街で、まったく新たな生活を始める事が非常に簡単なのです。（住民票がなくてもアメリカでは子どもたちを学校へ入れることができます。もし、入学になんらかの書類が必要であれば、ロサンゼルスに居る、メキシコ系違法滞在者のほとんどが、子どもたちを学校に入れられなくなってしまします。）

その結果、こうして一人親によって誘拐された子どもたちのほとんどが、二度と再び、もう一方の親に会うことができないという事実が残ります。これは、子どもを連れ去られた方の親にしてみれば、自分の子どもを生涯失うことであって、いくら親による誘拐事件とはいえ事態は深刻です。

毎年十万人の親たちが自分の子どもを失う国、これはやはり尋常ではありません。その親たちの叫び・悲鳴が、あのようにテレビコマーシャルに姿を変えて流れてくるのです。

私は毎年、東京とロサンゼルスを七、八往復する生活をしています。去年の夏も、私はロサンゼルスの空港で何度も日本の子どもたちの団体に出会いました。

夏期研修コースとかホームステイといった方法で、夏休みに、アメリカをじかに体験しようという子どもたちでしょう。皆、実に楽しそうでした。

しかし、もし彼らが英語を完全に理解できて、真夜中過ぎに、ふとテレビの画面に目をやれば、本当のアメリカはすぐそこに見えたはずなのです。アメリカという国の真の姿、悲惨な現状をたった一分間で把握できるその短いコマーシャルが、何本も流れていたのです。

それにまったく気付かずに帰ってゆく日本の子どもたち。

私は彼らを見詰めながら、いつかこの子どもたちも事実を知る時がくるだろう、と心の中でつぶやきました。その時それが彼ら自身の問題でないことを、私は心から祈るのです。

誘拐してしまった親たち、誘拐された子どもたちに呼び掛けるこのコマーシャルは、奇妙に変形してしまった一つの人間社会を覗く窓口になっています。

結婚という人間関係を維持していけない大人たち、離婚後相手の気持を考えず、誘拐という犯罪さえも犯してしまう元夫婦が見えます。

自分が生活していた社会から完全に姿を消してしまえるような、希薄な友人関係、親戚関係、社会生活の中での人間同士のつながり、といったものも見えます。希薄な人間関係の中で、寂しさのあまり、誘拐してまで家族を取り戻そうとする大人たちを見ていると、人間にとって孤独がいかに辛いものかがよくわかります。

自分で作ってしまった孤独の中で、別れた子どもに対する感情（愛情）が昂まり、本来、大人同士の人間関係の修復や、新たな人間関係を築き上げることで解決していかなければならない問題が、親という立場を利用できる小さな相手の人生を犠牲にすることによってしか、解決できなくなってきているのです。

深く関わりあうことが下手な大人たちが親になり、家族という一番小さな社会の中でさえ、個人主義にはしっている。自分の子どもを最大の犠牲にして生きている親たちの姿がそこに見えるのです。

毎年五万人の子どもたちが、突然姿を消します。そのうち発見されるのは二百人に満たないのが現状です。アメリカにおける**他人による**誘拐事件のほとんどが身代金を目的とした誘拐事件ではない、という事実も、寂しいアメリカを象徴しています。

身代金を目的とした誘拐なら、子どもを発見する確率は高いそうです。アメリカにおける誘拐事件のほとんどが解決しないのは、それが、家族を求めての誘拐だからです。孤独に耐えかねた大人が、自分の人生のパートナーを幼児誘拐という手段で探す。本来大人同士の結婚という形で始まる家庭作りが、誘拐という犯罪によって始まるのです。大人と違って、物心のついていない子どもは、自分の思うままになる伴侶、家族なのです。親子、兄弟、夫婦、といった自然な家族関係とはかけ離れた、異常な家族関係がそこに生まれます。そうした歪んだ家庭のかたちが、異常な勢いで増えています。

人間は一人では生きられない。生きるために子どもを盗む。孤独というものの恐ろしさ。そうした原始的な自然の摂理を、アメリカという現代社会の中に見て、私はハ

「僕を見ませんでしたか？」
カーペットクリーニングのチラシを利用した子ども探し。毎日、郵便箱に投げ込まれる。

ッとします。

アメリカは、今、あるところでとても原始的な社会に戻りつつあります。私は、アメリカ社会の様々な側面に人間の本性のようなものを発見するのです。

子どもたちが姿を消します。そして親がすぐに警察へ届けたとします。しかし、警察は普通二十四時間から七十二時間は捜査を開始しません。行方不明の子どもたちの十人に九人が家出で、三日以内に戻るという統計が出ているからです。

ところが本当に誘拐され不幸にも危害を加えられる子どもたちの多くが、この七十二時間の間に、暴行されたり殺されたりするのです。アメリカ国内で誘拐され殺される子どもたちの数は、一年間に約二千人です。毎日六人の子どもが誘拐後、殺されている計算になります。家出の多さが警察の対応を遅らせ、間接的にこうした悲劇を生んでいるわけです。大人を信じてはいけない、大人に親切にしてはいけません、と子どもを心配する親たちは教えます。けっして大都市に限られたことではありません。

現代病先進国

アメリカという国は、社会として、また国家として、宿命的なハンデキャップをいくつも背負っています。人種の問題、言語の問題、宗教の問題、建国の哲学から常に繰り返される移民難民の問題、どれ一つとってもみても、社会の安定を妨げ、国の基盤を根底から揺るがしかねない難問ばかりです。

こうした問題が、現代というかつて人類が経験したことのない未知の時代に、複合的にからみ合っているのがアメリカです。

私がここで取りあげる教育、家庭、犯罪といった問題も、国の歴史、人種、言語、移民の問題といった様々な社会背景を抜きにしては語れない問題です。

しかし私はこうしたアメリカが抱えている特有の問題にはあまり触れずに、形を変えて、日本でも同じように起こっている、または起こりつつある問題に焦点をしぼって書き進めたいと思います。なぜなら、特殊なハンデキャップを背負っていても、その根底にあるのは、日本やヨーロッパといった、いわゆる先進国と呼ばれる国がいま共通して抱えている、現代社会ゆえの問題、歪み、そして、それを取り囲む大きな流れだろうと思うからです。

現代社会には、新しいものであるがゆえに、それが実際に人間社会にどういう影響を及ぼすか、予期できぬものが数多くあります。

作られた時には、確かに役に立つ良いものであるように思えても、しばらくすると結果として悪いものであることがわかったり、年月を経てみると、思いもよらない影響がでてきたりするものがあります。

ちょっと考えてみただけでも、農薬、食品添加物、自動車の排気ガス、といった直接人体に影響を及ぼすものから、テレビ、コンピューターゲーム、受験戦争、といった精神に及ぼす影響が問われているものまで様々です。

こうしたものは人間の歴史にとって非常に新しいものです。ある一つの良い影響を期待して作られた現代社会の産物が、期待されたような結果をもたらさない場合、いつのまにか人間の本性や自然の摂理とぶつかって起こす歪み、それを私は「現代社会における歪み」と呼んでみます。

現代社会病とも言えるこうした歪み、その中でも特に精神的な歪みは、アメリカのように一つの文化圏としての歴史の浅い国、または一つの文化圏としてまとまりにくい国において、その影響が非常に早く現れるようです。

言い換えれば、日常生活における共通の習慣、ルールといったものが、長い年月を経て人々の生活の中に根づいていればいるほど、「現代社会における歪み」は、その影響を現わすのに時間がかかるようなのです。

そうした意味で、私は現在のアメリカを知り、それを正しく理解することが、日本の社会にこれから起こりうる事を知る上で、とても大切だと確信しました。

私はアメリカに住んでみて、その現状に滅びゆく人間社会の一つの型を見ました。

いま、その型から何かを学び、日本の社会に直接役に立つような具体的な提案をしていくことが急務だと思うのです。

非識字者人口の増加

アメリカには現在、二千六百万人の読み書きのできない大人たちがいるといわれています。ファンクショナルイリテラシーといわれる人たちで、社会で仕事をしていくために必要な程度の読み書き、職業を探すための新聞を読んだり、簡単な申込書に記入できない人たちのことをこう呼んでいます。

アメリカで教育を受けていない移民の第一世代、いわゆる一世といわれる人達も大変多い国ですから、ファンクショナルイリテラシーの総数を問題にするつもりはありません。

しかし恐いのは、ファンクショナルイリテラシーが年々増える傾向にあるということです。いまや高等学校を卒業していく生徒たちの実に二十%が、基礎的な読み書きができないまま、社会に出て行くと言われています。

先進国社会で非識字者率が毎年上がっているのは、アメリカだけです。就学率が低く、非識字者がまだそれほど社会生活に影響を及ぼさない国ならいざ知らず、先進国社会で読み書きができないというのは、大変なハンデキャップです。

彼らは、読み書きを必要とする職業につけないのは無論のこと、たとえ就職できたとしても、仕事の内容は限られてしまいますし、職場での差別にも耐えていかなくてはなりません。

アメリカには、もともと英語圏以外の国から移住してきた人たちがいますが、義務教育を終了した上での非識字者は、すでに社会からドロップアウトしているわけで、犯罪にかかわったりするケースが多いといわれています。

字が読めないから仕事に就けない。「生活していく為の犯罪」は、そこに彼らなりの正当性が生じる余地があるだけに怖いものです。統計的に見ても、非識字者率ははっきり犯罪率と比例します。

十七世紀、キリスト教会が絶対的権力を握っていたフィンランドでは、聖書を読めない男女は結婚を許さない、という法律を作ってまで、非識字者率を下げようと努力しています。先進国、工業国といわれている国での非識字者率の増加は、時代に逆行しているばかりではなく、社会的不安を招く大きな原因になるといってもよいでしょう。

子どもを見捨ててしまった親たち

アメリカの義務教育システムは、小学校から高等学校までの十二年間です。小学校に入る前の一年間、日本の一年保育にあたる部分が幼稚園という名でありますが、ほぼ学校教育に組み込まれているので、ほとんどの子どもたちが十三年間の学校教育を受けるといってもよいでしょう。

このシステムは、教育先進国を自負していたアメリカにとって、やっと完成させた、世界に誇るシステムだったわけです。

にもかかわらず、高卒の二十%が社会的に非識字である、というとんでもない数字がでてしまい、しかも非識字率は毎年増えているというのです。高等学校を卒業して、良い大学へ入れないとか、良い会社へ就職できない、といった問題ではないのです。五人に一人が、まともに読み書きができない、というのです。

十二年間学校へ行ったあとに読み書きができない。一体どうすればこんな事が可能なのでしょうか。

この二十%という数字をじっと眺めていますと、私には、様々な風景が見えてきます。そしてその向こう、一番最後のところに見えるのが「家庭」です。親たちが子どもの教育、将来にまったく興味を持たなくなってしまった家庭です。子育てを放棄してしまった無数の親たちが見えるのです。

読み書きが、現代のアメリカ社会で生きていくために必要な技術であり、親の役割が、子どもに「生き方」を教えることであるなら、少なくとも大人たちの二十％が、親であることをやめてしまった社会がそこにはあるのです。

一九八四年、アメリカ政府は子どもたちの教育問題を、「国の存続に根底からかかわる、緊急かつ最も重要な問題」として取り上げました。くしくもこの年は、子どもたちの教育レベルが、親たちの教育レベルを下回る、という、この国始まって以来の驚くべき調査結果が出た年でもありました。

三十五年前、五十％だった高等学校の卒業率が、義務教育システムの充実と普及によって、七十二％になっているのですから、親たちの世代に比べれば、はるかに多くの子どもたちが高等学校を卒業しているわけです。にもかかわらず、全体としての教育レベルが落ちている、というあってはならないはずのことが、この年起こってしまったのです。

過去三十年間、アメリカがその教育システムの充実と拡張に割いてきた国家予算と労力は莫大なものでした。学校教育システムのどこがいけなかったのだろう、と政府は慌て、マスコミもこぞってこの問題を取りあげました。

論議が論議を呼び、**教育システム**に新たな改良を、という声が、またもや識者たちの間から上がりました。
スクールバスによる人種の混合。
マグネットスクールと呼ばれる優秀な生徒を集めるシステム。
親たちに宿題を監督させる誓約書を書かせたり、制服を復活させる学校。
国家国旗への忠誠の誓いも復活しだしました。しかし、状況はますます悪くなるばかりです。

アメリカという、現代社会を代表する国で、先進国であることの一つの目安とまで言われた義務教育が、システムとして充実すればするほど、子どもたちの教育レベルが落ちてしまった、というこの事実に直面したとき、私は、そこに人種の問題、移民の問題といったアメリカ特有の社会的条件だけでは説明しきれない「大きな流れ」を感じました。

そして、二十%という高卒の非識字率と、その向うに見える崩壊した家庭を考えるとき、私は、学校教育のシステムとしての充実と、子育てを放棄する親たちの急増との間に、はっきりとした相関関係を見たのです。

学校教育が普及すると、親たちが子育てをシステムに依存し、やがて放棄し始め、親が子育てを放棄するとき、それは社会の最小の単位である家庭の崩壊を意味します。

そして皮肉なことに家庭の崩壊により、学校教育システムは正常に機能しなくなります。

いまや学校教育は、現代社会で生きて行くために不可欠なものになっているにもかかわらず、学校の存在が家庭の崩壊を招き、家庭の崩壊が学校の機能を麻痺させる、という皮肉な図式が成り立ってしまうのです。

崩壊する公立学校

ロサンゼルスの公立学校では、現在、七百の学級に担任の先生がいません。生徒たちは、毎朝学校にくるまで、その日の担任の先生が誰になるのかわからないのです。日替りの臨時教員の先生では授業に流れもできません。それでも先生が来れば良い方で、毎日百五十の学級がまったく先生無しで過ごしています。

先生になった人の半数が、七年以内に教職を去ります。この事実は一体何を示しているのでしょうか。

教えることに情熱を持っている先生ほど、虚しさと敗北感を感じ、熱心に教えようとすればするほど、ノイローゼになって、「役に立たないシステムの一員でいることに耐えられない」という言葉を残してやめてゆきます。現在教職に就いている先生たちも、その五十%が（これは二十年前に比べればなんと五倍の数ですが）、もしやり直せるとしたら、再びこの職を選ぶことはないだろう、と言っています。

集中力の無い、人の話を聞くことができない、コミュニケーションの仕方を知らない子どもが多過ぎるのです。勉強を教える以前の、教室内の混沌とした状況を静めることに全力を傾け、すっかり疲れ果ててしまうようです。

高校では、小学校程度の読み書きしかできない生徒を、クラスに何人も抱えて、社会科の先生も化学の先生も、まず読み書きから教えなければなりません。

「小学校五年生から高校三年までのばらばらの読み書きのレベルの生徒を一クラスの中に抱えて、私にどうしろと言うのですか」と、ある先生は言います。

優秀な先生たちが、成果の上がらない授業に絶望してやめていったあとに、給料を貰うことを主な目的として教室へ通っている、教育にはあまり熱心でない先生が残ってしまいます。

アメリカの公立学校における教師の質の低下は、目を覆うべきものがあります。ある大都市では、英語（つまり日本でいえば国語）の先生のうち、実に三分の一が、高校を卒業するための英語の試験に通りませんでした。きちんと読み書きのできない先生が、着実に増えているのです。

教師の給料が安過ぎるのではないか、という論争が度々起こります。確かに、いま

アメリカの教師たちが直面している状況を考えれば、充分とはいえないかもしれません。しかし、実際に先生たちにインタビューしてみると、ほとんどの先生が「お金の問題じゃない。」と言うのです。

「この職業を好きで選んだんです。私にとってこれは特別な職業なんです。」

教師が社会から尊敬され、安全な職場の環境が約束され、子どもたちが何かを学ぼうという姿勢さえ持ってくれれば、給料の額なんて重要ではない、と涙を浮かべて言う先生の言葉には真実がありました。

そういう先生たちが次々に教職を離れていきます。一人の普通の人間に、三十人の子どもたちの子育てができるはずはないのです。

シカゴの公立学校の先生のうち、四十％

が自分の子どもを私立学校に通わせています。

私立学校にかかる費用を考えると、これは公立学校に対する大変な不信です。公立学校の実態を一番良く知っている公立学校の先生たちが、公立の教育システムをもはや見捨てているのです。

そして、教師という職業が、いま着実に見捨てられつつあるのです。

(現在、東京都で病気で休職している先生の四人に一人が、精神的な病で休職しているそうです。)

私立学校と道徳教育

数年前、アメリカで、「一儲けしたければ私立学校を開け」と言われるくらい、私立学校が、雨後の竹の子のように新設された時期がありました。

公立学校の教育を見放した親たちは、経済的に許されれば、少々授業料が高くても、将来のことを考えて子どもを私立学校に入れるようになったのです。私立学校に子どもを通わせるために、両親が共稼ぎで公立学校で働く、などというおかしなケースさえ出てきました。

乱立する新設私立学校が、ほぼ共通してうたい文句にするのが「厳しいしつけ」と

Somebody Else's Kids

On the streets with our teenage runaways, where the dead end is deadlier than ever

They pose as hard-case predators so they will appear less like prey

大都市の路上で、現在100 万人以上の家出した少年少女たちが生きています。麻薬、犯罪、売春と、彼らの生活は想像以上に危険にあふれています。「うちの子どもはだいじょうぶ。」という時代は終わりました。（ＮＥＷＳＷＥＥＫ誌。4・25）

「道徳教育（主にキリスト教をより所とした）」です。

子育てに自信を失いかけていた親たちにとって、これはまさに渡りに舟でした。厳しいしつけが安易に評価され、神を信じる子どもたちの姿に親たちは満足し、高い授業料を払った甲斐があったと頷くのです。

しかし、アメリカの将来を考えるとき、公立学校の質の低下が原因となったこの社会現象に、私は大きな不安を感じます。

私立学校へ行ける子どもたちは、中流以上の家庭に限られます。彼らは、ますますエリート化し、私立に行けない子どもたちとの学力の差が急速にひらくだけではなく、そこに生まれる階級意識、それも宗教的、人種的要素を微妙にからめた階級意識が育ちつつあることを私は心配するのです。

学校でダーウィンの進化論が、聖書の内容に反するということで教師から攻撃され、神への祈りと国家への忠誠が「良いしつけ」と混同される教育が、徐々に幅を効かせ始めているのです。

私立学校へ通う子どもたちにしたインタビューの中で、経済的な理由で私立に行けない子どもたちのことをどう思うか、と私は聞いてみました。

一人の子どもが「神の御意思さ。神様がすべてをコントロールされているんだ。」と答えました。あまりにも明るく言い放つ彼の笑顔に、私は何かひやりとしたものを感じました。

こうした私立学校にいま通っている子どもたちがやがて社会の中枢を担っていくはずなのです。

現在の教育は、二十年後、三十年後の社会的現実です。もし仮にアメリカの公立学校が教育レベルの面でいますぐ建て直されたとしても、すでに取り戻すことのできない世代がそこにはあります。

そして、その結果が社会にどういう影響を及ぼすのかは、彼らが大人になってみないとわからないのです。アメリカ社会を見ていると、現代社会の中に巨大な位置を占める学校教育制度システムとしての失敗が、いかに恐ろしく危険なものかがわかります。

ベトナム難民と家族のきずな

数年前のことです。ロサンゼルスでベトナム難民の子どもたちのことが話題になりました。

アメリカではかなりの学校に、卒業式で、その年成績が最も優秀だった生徒が総代となって、答辞を読む習慣が残っているのですが、ここ十年ほど、そうした総代に選ばれる生徒の中に、ベトナム人の子どもがとても多いのです。ただでさえ、一つの人種に成績のいい生徒が偏れば、注目を引きます。それがベトナム難民の子どもたちで、その中には数年前まで英語も満足に話せなかった子どもたちがいるのですから、テレビや新聞がこぞって話題として取り上げていました。

アジア系の子どもたちは一般に学校での成績が優秀だといわれています。これは主に家庭環境が原因になっているようです。しかし、そうしたアジア系の子どもたちの中でも、なぜ突然ベトナム人の子どもたちに成績優秀者が偏ってしまったのでしょう。

私はその背景にベトナム人の家族、家庭の特殊さを見ます。ラテン系の難民と違い、ベトナム系の難民は、もともと父親が軍人の家庭であったり、中流以上の家庭が多いのです。つまり親たちの教育レベルが高い、ということ。

そしてもう一つ、彼らがベトナム戦争という悲惨な状況を家族で体験し、生き抜き、そこから脱出するという、非常に困難な社会情況を家族で乗り越えてきた人たちだということです。

その体験が苦しみや悲しみに満ちたものだっただけに、アメリカにたどり着いたときの喜びも、また大きかったはずです。文字通り、**家族で**苦楽を共にしてきたわけです。

こうした困難な社会環境を共に体験してきた家族のきずなというものは、私たちが考える以上に強いものです。恵まれない社会環境は、時として、恵まれた家庭環境を生みます。

そうした親子のつながりを土台にして、親が子どもに言う「勉強しなさい」という言葉には、力があります。「あなたたちが勉強して、私たちが入り込めない分、アメリカ社会に入ってがんばりなさい」という親の言葉には、生活の重みがあります。日本の親たちが漫然と繰り返す「勉強しなさい」という言葉とはまるで中身が違うわけです。

言葉はあくまでも道具であって、それが本当に生きてくるかどうかは、人間関係しだいです。

親子の信頼関係がしっかりとそこにあれば、子どもたちは親の言葉に真剣に耳を傾け、親の気持ちを敏感に感じ取るものなのです。ベトナム難民の子どもたちが真剣に勉強するのも、こうした人間関係の土台が家庭にあるからです。

（日本の親たちも、本当に子どもに勉強させたければ、幼児期の親子関係の土台をしっかりと作って、親の真剣な言葉を子どもが素直に受け止めるような家庭環境を作っておくことが大切なのです。言葉だけのコミュニケーションでは、子どもが小さいうちはいいのですが、小学校の高学年になる頃に、子どもが反発しはじめることがよくあります。）

ベトナム人の子どもたちもアメリカ人の子どもたちと同じ公立学校に通っていま

す。二十%の非識字率、教師の質の低下、教師不足といった様々な問題を抱えているあの公立学校なのです。

ロサンゼルスのベトナム難民の子どもたちから私が学んだのは、家庭での親子のつながりがしっかりしていれば、学校教育システムは機能するということです。ロサンゼルスで、異なった家庭環境や生活習慣を持った子どもたちが同じ学校に通っている状況を身近に観察してみて、私はある結論に達しました。

先進国と呼ばれる国々では、家庭での人間関係が今よりまだしっかりしていて、しかも学校教育がシステムとして充実し始めた、今から三十年ほどまえが、学校教育と呼ばれるものの黄金時代だったのではないか、ということです。

人間の歴史の中で義務教育制度というものが、その目標とする形態に最も近づいたのは、実はその時期だけだったのではないでしょうか。歴史が浅く、人々の間で共有する文化が極端に少ないアメリカという国は、その貴重な時期を一気に通り過ぎてしまい、今、学校教育制度という巨大なシステムを引きずりつつ、社会の崩壊へと向かっているように思えるのです。

離婚――深くかかわれない大人たち

ひと昔前に、私たちが『名犬ラッシー』や『パパはなんでも知っている』といったテレビのホームドラマを通して見ていたアメリカの家庭には、たいてい父親と母親がいて、子どもたちがいました。

父親は朝食をとると仕事に出掛け、母親は家で家事をして、子どもが学校から帰るのを待つ。子どもが学校から帰り父親が仕事から戻ると一家揃って食卓を囲む。というのがアメリカの家族の典型だったわけです。

もちろんここで私たちが見ていたのは、中流以上の白人家庭の一つの形でしか過ぎなかったのですが、アメリカ人が家庭、家族に対して抱く一つの理想像であったことはたしかでしょう。

伝統的（Traditional）という言葉で表現されるようになったこうした家庭のスタイルは、ここ三十年間のあいだに急減し、現在のアメリカ社会の七分の一程度にしか見られなくなってしまいました。半数以上の夫婦が共働きをしていますし、ここ十五年ほどの間に、離婚の数は急上昇し、その結果、一人親だけの家庭が二倍に増えています。学校に通う子どもたちの四人に一人が鍵っ子で、学校から誰もいない家に帰ります。

伝統的家庭スタイルが常に最も良い形ということはできませんし、経済的理由による共働き、夫婦間の解決しようのない問題などで離婚がやむをえない場合も当然あるでしょう。個々の問題を論議するつもりはないのですが、社会全体として離婚の数が異常に多いのです。「家庭」「家族」の姿が、あまりにも急激に変わって来ています。アメリカの小学生や中学生が最近よく学校で話す話題に、「今度のお父さんはねえ…」「新しいお母さんがさ……」というのがあるそうです。離婚、再婚が、それほど日常茶飯事になってきています。

親の離婚にともなう体験。子どもを捨てるに等しい行為から、裁判で養育権を争う場合まで、子どもたちが通り抜ける現実は様々です。親同士の誘拐事件にまで発展せずとも、子どもたちの一生に与える精神的打撃は計り知れないものがあるでしょう。しかし、社会現象としては、むしろ離婚そのものの多さを、一つの異常な現象としてまず取り上げるべきではないでしょうか。

人間関係を作っていくのが苦手な大人たちが急増しているのです。アメリカにおける離婚の数は先進国のなかでも群を抜いています。

深くかかわれない大人たちは、それを家庭で体験しなかった子どもたちが成長した姿なのです。

日本の若者を対象にした最近の調査によると、自分の人生にとって、友人、あるいは家族といった身近な人間関係が最も大切だ、会社における出世や仕事はそんなに重要ではない、と言う人が増えているそうです。

しかし、別の調査は、その若者たちが望んでいる人間関係として、しがらみの無い関係、干渉しあわない、気楽な、執着しない関係をあげています。これらをまとめて**スマートな関係**と言うそうです。

皮肉にもこのスマート（Smart）という単語には、「ずるい」という意味が含まれているのですが、彼らの行動には、深くかかわることを避けようとする、責任の生じる関係を恐れている姿が見え隠れします。経験不足、不慣れからくるものでしょうか。

「深くかかわること」の代表的存在が結婚、つまり夫婦の関係です。そしてその結果として親子の関係です。

つまり現代の若者たちが最も苦手とする関係が、結婚によって生じる人間関係なのです。「友だちのような夫婦」という言葉をよく耳にしますが、「友だち」という言葉の持つ意味の幅広さを考慮に入れても、そこにはかなりの割合で、「逃げ」の姿勢があるように思えてならないのです。

「子はかすがい」という言葉が夫婦の絆を現すときに使われることがあります。

しかしこれはよく考えてみると「子育てはかすがい」というべきもののようです。人間は共にする体験を通してお互いの結びつきを太くしてゆきます。子育てという経験を通して夫婦はその絆、友情を深めていくのです。

現代社会では親たちが子育てを放棄する、または放棄し得る環境がますます広がっています。親同士の結びつきが育たず、離婚が増えて当たり前なわけです。始めからお互いの重荷にならないような、友だち夫婦が、マスコミでもてはやされるようでは、子どもたちの将来が不安です。

その子どもたちが親になったときが不安です。家族の形というものは、過去から現在、そして未来へと伝承されていくものだからです。

この友だち型夫婦というのは、どこかでお金を設けようとしている人たちが、深くかかわることの苦手な若者たちの心理をうまく利用して創作した消費型夫婦ではないかと思います。

深くかかわることのできない大人たちの急増は、現代社会においてはもはや避けられないことのようです。それは学校も含めた社会全体の構造からくるものです。マスコミも含めたサービス産業の無責任な儲け主義が社会に与える影響力の凄さ、早さには驚くべきものがあります。

人間の幸せが、あたかも娯楽（レジャー）によって得られるかのように宣伝し続けてきた、アメリカのサービス産業は、その巨大な宣伝力で、あっと言う間に、幸せの価値観をお金で計る社会を作ってしまいました。

日本における「友だち型夫婦の薦め」や、「ヤッピー志向称賛」といったアメリカ的ライフスタイルの奨励は、アメリカの実像を知らないアメリカ専門家たちの無責任は発言と言わざるをえません。

若者雑誌がヤッピーを特集するなら、ヤッピーが最も代表的なコケインの消費集団だということも報告すべきです。

アメリカにおける人間関係、家族関係、男女関係は、ここ数十年の間に、「男女が結婚し子どもをつくり、その子どもが良い親になるように育てる」という、自然の法則、種の保存の摂理からどんどん逸脱してしまいました。

その結果社会のあちこちに修復しようのないゆがみが出てきています。その一番の被害者が子どもたちなのです。

少女たちの妊娠。そして幼児虐待

現在アメリカで生まれる子どもの四人に一人が、結婚以外の関係から生まれてきています。生まれたときから通常の家庭を持たない子どもがどんどん増えているわけです。

結婚をせずに十代で妊娠し子どもを産んでしまう少女が増えています。現代アメリカでの少女たちの妊娠出産という問題を掘り下げてみると、「性習慣の違いさ」「フリーセックスの国だから」といったひと昔前の解釈ではとても間に合わない状況が見えてきます。現代社会の歪みと人間の本性の間で迷い苦しむ子どもたちの姿がそこにはあります。

私が取りあげたいのは、少女たちの性に対する考え方でもなければ、モラルの問題でもありません。妊娠して子どもを産む少女たちの中に、子どもを産みたくて妊娠する子どもたちが着実に増えている、ということなのです。そこにあるのは、不幸な家庭環境に育った少女たちが、あたたかい家庭に憧れて自らそれを作ろうとする、つまり家族、家庭を求めての出産なのです。

「家族を求めて妊娠出産」、これは少女たちの年齢、環境、そして動機を考えに入れなければ、ごく自然な人間的行為であるだけに、そこにやり切れなさを感じます。

まだまだ子どもという立場で、精神的にも経済的にも親の保護を受けていていい年齢であるにもかかわらず、幼い頃からあたたかい家庭に憧れ続けてきて、妊娠出産を急ぐ彼女たちのいじらしい姿、そして子どもを実際に産んだときの嬉しそうな顔を見ていると、それはまさに現代社会の中にかいま見た、人間本来の幸せの姿のようにも見えるのです。

しかし、次に彼女たちを待っているのは「子育て」という現実です。幼児期の子育ては、言葉というコミュニケーションの手段も使えない不合理との闘いです。赤ん坊が泣き叫んでいても、なぜ泣いているのか説明してはくれません。言葉の通じない、理解力の付いていない幼児を物心が付くところまで育てるには、大変な忍耐力とそれを支える愛情、そして最低限の知識が必要なのです。

ところが人間関係において不幸な家庭に育った少女たちの多くに欠けているのが、このような子育てに必要な人間関係を築き維持していく力なのです。

信頼して相談を持ち掛けたり、援助を請う相手にも恵まれていません。育児の現実の前に、彼女たちが抱いていたあたたかい家庭のイメージは崩れ去り、そこにまた不幸な家庭のサイクルが繰り返されるのです。

こうしたサイクルはもうすでに社会の中で二回転くらいしてしまっていて、一度そうなると元の形にもどすのはとても困難になります。家庭というものは、その健康的なサイクルが崩れたとき、加速度的に社会の中でその本質を失ってゆきます。

毎年四千人にのぼる子どもたちが親による幼児虐待、または何らかの形の子育て放棄によって死んでいきます。幼児虐待は貧富の差に関係なく、あらゆる階層に広がっています。

去年ニューヨークで起きその惨酷さでマスコミの話題になった幼児虐待殺人事件は、夫が弁護士、妻は絵本の出版社に勤めているというケースでした。夫が妻に暴力をふるうという家庭内暴力に端を発したこの事件における幼児虐待は、アメリカにおけるこの種の事件のひとつの典型でしたし、幼児虐待は親たちの学力、経済力とは無関係だということを証明している事件でもありました。幼児虐待の火種は社会環境の中で育つのではなく、家庭環境の中で育つのです。

学力と人間性は二つのまったく異なったものであることをこの事件は語っています。ニューヨーク市だけでも、毎年六万件に達する幼児虐待事件が報告されています。

子どもに対する家族による性的虐待の急増は、アメリカ社会の病める一面、家庭環境の著しい変質を最も的確に現している現象の一つでしょう。

子どもが六歳から十二歳の間に始まると言われている家族による性的虐待は、推定で千二百万人から千五百万人のアメリカ人女性を犠牲にしています。二十五%が実の父親によるもの。二十五%が義理の父親によるもの。四十九%が叔父、兄弟といった男の親戚によるもの。そして、一％が母親によるものです。

子どもたちはいけないことをしているんだ、されているんだという意識を持っています。しかし、その罪悪感ゆえに、または他人に知られることへの恐怖感ゆえに、そして父親や家族に対する愛情ゆえに、それを誰にも言えずに歪んだ関係を何年も持続させてしまうのです。「されている間は厭だった。でも、そうでないときのお父さんは、やっぱり好きだった。」「お母さんに、言ってはいけないと思った。」という子どもたちの言葉には、彼らなりの家族に対する愛情があります。

家庭を思う心が罪悪感との間で揺れ動く、大人でも耐え切れないような重荷を子どもたちに背負わせている、こんな社会が過去にあったでしょうか。

どんな時代にも異常な人間関係、異常な家庭は、ある程度の割合であったと思います。しかし、現在のアメリカにおけるこうした事件の数は、もはや「異常な」という言葉では済まされない、一つの社会現象となっているのです。本来、家族、家庭というものは、子どもを産み守り育てるという種の存続の法則に則って作られてきたものです。そうした自然の摂理に照らして考えると、先進国社会・現代社会の歪みの中で行なわれるこのような人間の行為は、まさに狂い始めた一つの種が自ら破滅の方向に向かって進んでいるとしか言いようがありません。

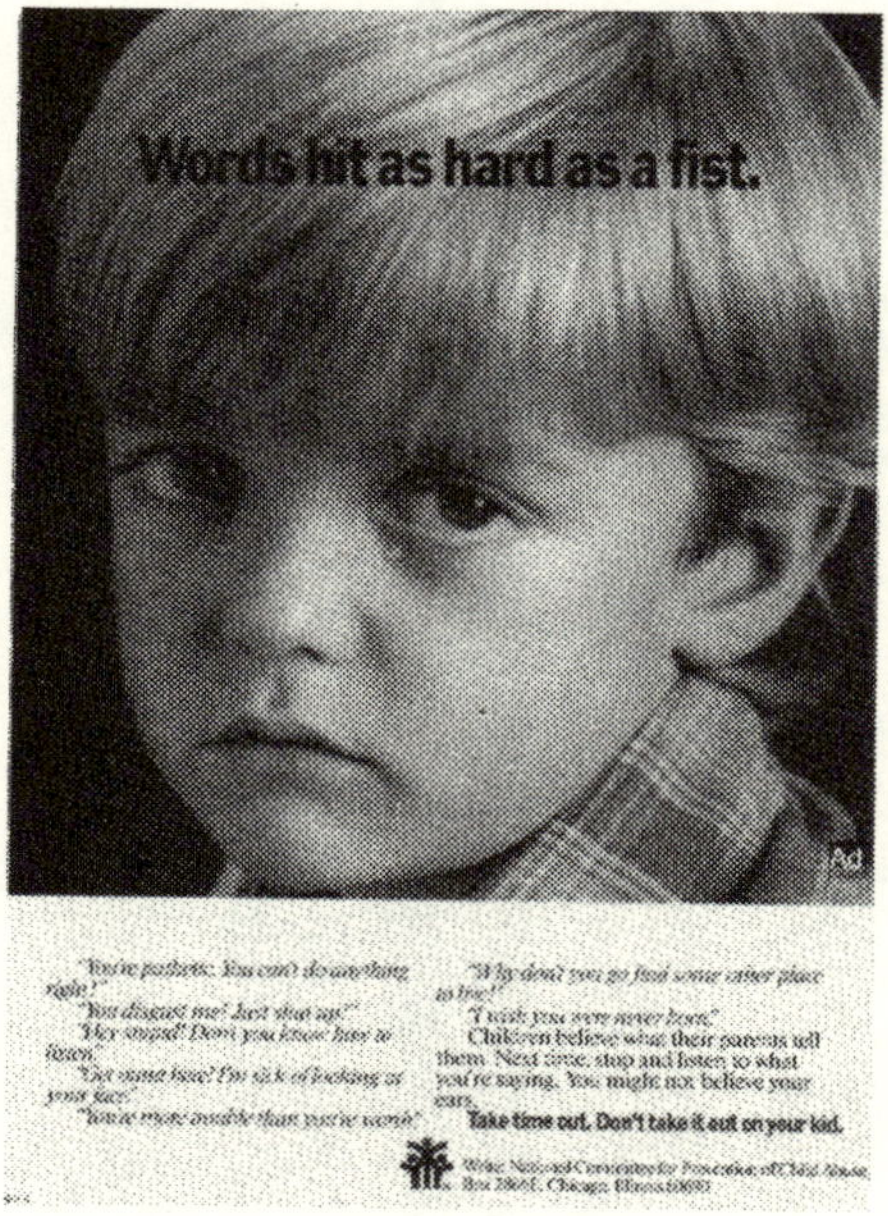

（全米児童虐待防止協会の宣伝広告より）

言葉は拳骨と同じくらい傷付ける。

「哀れな子だね。なにやっても駄目なんだから！」

「おまえにはもううんざりだ！とにかく黙っといで！」

「バカな子ね！親のいうことが聞けないの。」

「あっちへ行きな。顔を見てるのもいやだ。」

「役にたたない、厄介者なんだよ、おまえは。」

「どこかへいってしまいなさい！」

「おまえは生まれなければよかったんだよ。」

子どもたちは親の言葉を信じます。一度、自分の言っている言葉に耳を傾けて下さい。耳を疑うようなことを言っているかもしれませんよ。子どもにイライラをぶつけることのないように。

Dating Violence「男女交際における暴力」

デート中の暴力、暴行事件をDating Violenceと言います。現在、アメリカの未婚女性の三人に一人が交際した男性から暴力、暴行を受けた経験がある、または現在も受けているという調査結果が出ています。

結婚という形にたどり着く前の（たどり着くための、とは言い難いのが現状でしょう）、男女交際、恋愛、という段階ですでに起こっている暴力、女性虐待は、健康的なサイクルが崩れたまま回り始めた社会の一つの歪んだ歯車と言えるでしょう。Dating Violenceは、妻への暴力、幼児虐待、家庭内暴力への出発点となっているからです。

「デート中の暴力」は、まず口喧嘩から始まります。そして男性側の、自分の思うようにならない女性をコントロールしたい、支配したい、という願望が暴力という形にいきなり繋がっていくわけです。ここには、普通女性を失いたくないという男性側の強い意思が同時に働いているそうです。

文明社会において人間は言葉、表情といった非暴力的な手段を使って自分の意思を相手に伝え、また相手の気持を理解することを学ぶわけですが、そうした知的コミュニケーションの仕方を充分に身に付けていない、または人間関係において忍耐をする訓練がしっかり出来ていない少年たちは、最終的に暴力以外に相手をコントロールする方法を知らないのです。多くの場合それは親から受け継いだコミュニケーションの手段でもあるのです。

「デート中の暴力」の最大の問題点は、この暴力という女性をコントロールする方法、支配する方法がたいへん効き目がある、ということです。

「あの女性解放が進んだアメリカでなぜ……」と思われるかもしれませんが、これは驚くべき事実なのです。

暴力は相手をコントロール、支配する手段として昔から、何千年にもわたって極めて有効なのだ、という原始的な事実を私はアメリカで知りました。女性の権利、個人の権利などと叫んでも、それは所詮恋人同士といった非常に身近な、それゆえに人間的な関係において役に立つ概念ではないのです。人間対人間という個人的レベルでは、暴力が現代社会でも同じように有効だ、これはある意味で驚きでした。

効き目のあるコミュニケーションの仕方を、暴力に見出した男性たちの行動はますますエスカレートしてゆきます。しかし、恋愛中の被害者は、自分がいけないのだ、と考えるようになるのだそうです。一つの人間関係の中でDating Violenceが、何年も続いてしまうという現実には、それがけっして単に怒りの表現というのではなく、コミュニケーションの一手段だということに根があるのです。

こうして恋人同士、夫婦間に根づいた暴力という「女性をコントロールする方法」は、やがて家庭内における「子どもをコントロールする方法」へと発展してゆきます。そして、この段階では、過去の被害者が現在の加害者になっているのです。

権力という言葉は、人間にとって、とても魅力的な言葉です。それは時には地位によって得られるものであり、現代社会では多くの場合、財力を持つことによって獲得されるものです。お金を沢山得ることが目標になってきている社会は、言い換えればそれに伴う力（パワー）を得ることに価値を見出す社会と言うことができるでしょう。しかし、こうした力は、全ての人間が勝ち取れるものではありません。そこに問題が生じます。お金や地位に価値観を見出す社会において、そうしたパワーを得ることが出来ない人間が、短絡的に、または瞬間的にパワーを感じ征服感を感じようとする、その手段が暴力によって相手を支配することになってしまうのです。このような原始的な満足感を自制するには、「相手を思いやる気持」「人間愛」といったものが必要です。

本来子どもは成長する過程でそうしたものを自然に身につけていくわけですが、家庭や身近な生活の中で、相手の身になって考える習慣を覚えなかった子どもたち（または大人たち）が、短絡的に権力を得ようとすると、そこに、非常に残忍でサディスティックな犯罪が多発する土壌が出来てしまうのです。

子ども収容リハビリセンター

子どもたちを親の要請に従って収容し、様々な形のリハビリテーション、更正、治療、訓練などをする施設が増えています。

主にアルコール中毒、麻薬中毒、精神異常などの治療を目的とした営利団体で、ここ数年は乱立と言っていいほどの勢いで増え続けています。一見、子どもたちの更正を願って造られているように見えるこうした施設が、団体が、実際には何を目的としていて、どういう影響を社会や家庭に及ぼしているのか、そのあたりを知ることは、現代社会の構造を知る上でとても大切なことです。

現在こうした施設に収容されているアメリカの子どもたちのほとんどが、実際には、中毒というほどの症状ではありません。強制的に施設に収容して治療をしなくてはならないような子どもはほとんどいないのです。

ではなぜ毎年こうした施設に入る子どもたちが増え続けているのでしょう。問題は親たちにあるのです。

子育てに自信を持てず、自分自身で悩み、考え、対処することの大切さ、忍耐を忘れてしまった親たちが、マスコミの報道や、施設、団体が流すテレビのコマーシャルに威かされ、踊らされ、子どもたちを無理矢理こうした施設に入れてしまうのです。

アメリカでは九十％の子どもたちが麻薬を経験し、七十五％が常習しているといわれています。麻薬をまったく経験していない子どものほうが珍しいのです。

ニューヨークの連邦ビル（政府の機関）を捜査すれば、そこに勤務している人たちの中に何人もの麻薬の密売人がいるといわれていますし、日本の週刊誌などで最近もてはやされているヤッピーと呼ばれる若い高額所得者層は、麻薬に最も投資しているコカインの常習者たちの集団だと言われています。

いかにお金を稼ぐか、そして充実感を娯楽の中に見出そうとする。快楽的娯楽が求められる時、それは麻薬と直結します。そういう社会構造になってしまっているのです。

子どもたちでさえ既にそうした考えを持っています。大都市では小学生の中に、麻薬の密売をしている子どもたちがいます。お金儲けを目的にして学校で麻薬密売人をやっているのです。何をしても、儲けた者が勝ちだ、という意識を大人たちの社会から敏感に学び取り、歪んだ価値観がすでに芽生えているのです。

麻薬の密売は、明確に、他人の不幸の上に成り立っているお金儲けです。それに小学生が手を染め、クラスメートに麻薬を売っているという現状は、一つひとつの家庭の問題というより、社会全体の中に存在すべき「子育て」の位置、次の世代を育てる意識が見失われつつあるということではないでしょうか。

こういう荒れた社会で親たちを威すのは簡単です。親たちが育った社会状況とのあまりの違いが、親たちをより一層不安にし自信を無くさせる材料になっています。

マスコミに威され、コマーシャルにつられて親たちは子どもを連れて施設にやってきます。施設の指導員(または勧誘員)は、こうした荒れ果てた社会状況に対処する専門家のように、親たちをしかりつけ威します。

「すぐに子どもを私たちにあずけなさい。さもないと取り返しのつかないことになってしまいますよ。」「どうしてここまでほっておいたのですか。」

子ども部屋に麻薬があったからといって麻薬中毒患者扱いされ、ビールを飲み過ぎるといってアルコール中毒と診断され、ただの反抗期が精神異常として扱われる。施設の診断は、ほぼ一方的に子どもを収容する方向で下されます。こうして施設に収容される子どもたちのほとんどが、確かに問題はあるにしても、施設に収容しなければならないような子どもたちではなく、家庭で親たちが真剣に考えることによって充分立ち直れる子どもたちだという医学的調査結果が出ています。むしろ、親たちが正面から取り組んでくれることこそが、最も良い治療法であり、子どもたちが潜在意識の中で望んでいることなのです。

しかし実際には、親たちの不安と、施設の金儲け主義が、子どもたちを親から心身共に隔離し、施設に収容してしまうのです。

子どもたちにとって、親によって施設に入れられたというショックは非常に大きく、置き去りにさせられた想い出は生涯つきまといます。親が子育てに忍耐強く取り組もうとしないで、お金を払って家庭の問題を解決しようとする、こうした風潮は子どもたちの心の奥底に親子、家族のイメージとして深く刻み込まれていくのです。

このような私立の施設に子どもを入れる親たちは、かなり高額なお金を払っています。つまり子どもたちの成長にまったく無関心な親たちというわけではないのです。むしろ単に親としてのあり方を見失った中流異常の経済的に恵まれた家庭の親たちなのです。アメリカにおける家庭崩壊は、貧富の差に関係なく広がっています。そして

経済的に恵まれた家庭は逆に営利目的の団体に標的にされているのです。

他人の家庭の問題を助ける形をとって自分が儲け、実際には家庭崩壊を助長する、これは現代社会における典型的な産業構造と言ってよいのかもしれません。麻薬の問題はそれ自体たいへん大きな問題ですが、私がむしろ危険に思うのは、こうした産業構造が社会を本質から変えつつあるということなのです。

（アメリカでも権威のある良心的な施設では、必ずと言ってよいほど、親子を正面から対話させることに主目的を置いた治療をおこなっています。多くの場合、問題は親、または親子の関係にあることがわかっています。

New Prison（新しい形の刑務所）と呼

ばれはじめている、こうした施設、センターに経済的な理由から、子どもを入れられない親たちもたくさんいます。毎年、五十万人の子どもたちが、大人と一緒に留置所に収容されています。そのうち留置所に入れられるべき重い犯罪を犯した子どもたちは十%に過ぎず、ほとんどが家出、喫煙、交通違反、万引き、無断欠席といった軽い罪を犯した子どもたちです。大人の犯罪者たちと同じ留置所（同じ部屋）に入れるべき子どもたちではありません。親たちが警察に来ればすぐに釈放されるか、始末書で済むケースなのです。ところが、親たちが迎えにこなかったり、最近では親が自ら少年院や留置所に子どもを送るというケースが増えているのです。そしてその中で、自殺する子どもたちが増えています。

私が見たもの

私のアメリカ社会に対する疑問は、学校の荒廃という目につきやすい現実から始まりました。そしてそこに残っている数少ない素晴らしい先生たちの焦燥、怒り、敗北感、そして涙が私の心を強く打ちました。やがて大人たちの社会の中で、もて遊ばれ、さ迷う子どもたちの叫び、悲鳴が聞こえはじめ、その向うに親としての役割を果たさなくなった無数の親たちが見えてきました。

社会全体の問題として取り上げるべき子どもたちの学力低下、非行、無断欠席といった現象に対する政府の改善策が、学校教育という公的機関の範囲内に集中し、それが次々に失敗するのを見て、私は義務教育、学校というものに代表される巨大なシステムの社会における位置を認識しました。

国家という大きな社会が造り上げた教育機関と呼ばれるこの巨大なシステムが、家庭という小さな社会にいかに恐ろしい影響を及ぼすか。そして家庭という小さな社会が、国家という大きな社会に及ぼす影響がいかに決定的であるか、ということを私は考えました。やがて教育機関は人間社会を滅ぼすのではないだろうか。アメリカの現状を知れば知るほど、この疑問が私の中でますます大きくなっていくのです。

日本で

学校とは

学校とは何だろう、と考えてみることがあります。

私は、イラン、アフガニスタンといった国々を旅したとき、義務教育というシステムが人々の日常生活にそれほど普及していない社会を見る体験をしました。インドでは、学校というものを必要とせずに生きている人たちの中に入って生活したこともあります。私が学校というものの社会における役割、その弊害を考えるときに、そうした経験はとても役に立ちます。

学校で学ぶ知識のうち、実際に社会に出て役に立つ知識は二十％ぐらいで、八十％は役に立たないことだ、とある教育学者は言っています。しかし、家庭で学ぶことの八十％は実社会で役に立つことだそうです。私は自分の経験から言っても、この数字はかなり当たっているのではないかと思います。学校の先生や、学者、研究者、特殊技能者といった学問を専門とするかまたはそれを必要とする職業に就く人でないかぎり、中学生までの国語と小学校で習う算数が出来れば、学校で学んだことのほとんどを忘れてしまっても、社会人として通用するはずです。学校は、生きてゆくためにはあまり必要のない知識を主体に教えるシステムなのです。これは、一般の人たちが学校というシステムなしで、つい近年まで生活してきた、という事実を見ても明らかです。

私は、現代社会における学校の存在を否定するつもりはありません。学校に参加することは、現代社会で生きてゆく上で、ほぼ不可欠なことになりつつあります。学校でなければ出来ないこともたくさんあります。

たとえば、団体生活の体験とか、より多くの友だちを作るといった、授業以外での子ども社会の経験はとても大切ですし、勉強を一つの苦役と考えれば、子どもに苦労をさせ忍耐力を養ったり、勤勉さを身に付けたりするのに役立っているでしょう。

そして、主に学校から社員を補給する企業にとって、学校は採用する社員の頭の良さ、勤勉さ、忍耐力を、その人の学歴で計り、知ることが出来るという点で、無くてはならない存在です。子どもたちにとっても、学校に行っていれば社会に出て働くことが免除、または猶予されるわけで、楽しみのための一つの犠牲として勉強をすればいいわけです。

このように確かに学校は世の中の役に立っています。しかし、そこで授業として学ぶことがらのほとんどが実生活に役に立つことではない、ということも忘れてはなら

ない事実なのです。
日本のある幼稚園の先生がこんなことを言っていました。
「近ごろは、親たちが、勉強勉強と口うるさく言って、学校の教師たちが、しつけしつけと騒いでいる。これはもともと逆ではなかったでしょうか。」
まったくその通りだと思います。親たちの家庭での関心が、本来学校で行なわれるべき種類の学問主体の勉強に急速に偏ってきています。もしも親たちが学問的な勉強に重きを置くあまり、本来家庭で教えられるべき人間関係を作ってゆく上での知識や、それらを教えることによって生まれる親子関係の大切さをないがしろにしたら、子どもたちは実社会に出ても役に立たないことばかりを学んで成長していくことになってしまいます。子どもたちに勉強させながら、親子の良い関係を築き上げることももちろん可能です。むしろ、そうあるべきなのですが、現実には、学校の成績が子育ての評価とすり替ってしまうような気配が日本にはあります。これはアメリカとは違った意味での子育て放棄につながっていきます。「学問のすすめ」を中心に展開する、日本の親たちの子育てに対する意識の変化は、アメリカ社会ほど顕著ではないにしても、同じような打撃を社会に与えていく危険性ははらんでいます。

早期教育という言葉で始まる思い違い

早期教育という言葉が若いお母さんたちの間で流行しています。「早期教育」と呼ばれれる教育が一体何を意味するのか、その定義はとてもあいまいです。

私はまず早期教育という言葉から、一般の親が何をイメージするのか、ということを考え育児雑誌（専門書ではない店頭で売られている種類のもの）を開いてみました。

育児雑誌と呼ばれる出版物の中には、早期教育の重要性を売り物にした教材、会員制クラブなどの広告がたくさん載せられています。レイアウトなども、とてもカラフルで、絵本を使ったもの、テープやビデオを使うもの、遊び用具を兼ねるもの、など様々でが、宣伝の方法として必ずと言ってよいほど登場するのが、その商品を使ってみた人の推薦の言葉です。推薦しているのはほとんど母親です。

そして、よく出て来る文章が「一歳半の検診に行ったところ、二歳以上の知能だと言われました。」「数が数えられるので、保健婦さんを驚かせました。」「保健所の検診でも、近所の人にも、言葉が早いといわれました。」という種類のものです。

こういうのを読むと、私は密かにくすくす笑ってしまいます。子どもたちが二十歳くらいになったとき、このお母さんたちは「うちの子どもは二十歳になったんですけど、二十歳半以上の知能なのよ。」とか「うちの子どもは今度結婚するんだけど、はっきり言って他の子どもより一年は進んでいるのよ。」なんてことはたぶん言わないだろうな、と想像するからです。

ある技術（たとえばそれが言葉という道具を使うことであったり、数を数えることであったりしますが）を身に付けることが、早いか遅いかの違いというのは、子どもの成長とともにいずれ平均化されあまり問題ではなくなってしまうものです。

しかし、そんな当たり前のことでも、それをお母さんたちに気付かせてしまっては、こうした広告を出してお金儲けをしようとしている人たちの商売は繁昌しません。そこで「頭の良い子に育てる」とか「頭が良くなる」という一見長期展望的な誘い文句を母親になりたてのお母さんたちに投げかけてくるわけです。

この「良い頭」という言葉が何を意味するのか、どういう定義で語られているのかが、またかなりあやふやなのですが、もしもそれが、「知性豊かで、慈悲深く、正義感にあふれ、平和を愛する」ような頭であり、そうした頭をかなり高い確率で作り出す育児法が本当にあるのだとしたら、少なくとも千年前に人類はそれを発見していたはずだ、と私は考えるわけです。

それが種の保存、自然の摂理というものです。宗教と呼ばれるものは、この点ではかなり頑張ってきたといえるでしょう。ここで業者が言う「頭の良い子」は、**ある技術を、一般の常識より早く身に付けた子どもたち**のことを言うのです。**その技術**は、主に学問といわれる分野に属する技術である、ということは少し考えればわかります。

早期教育が、ある技術を、一般の常識より早く身に付けることだとしますと、カースト制があり職業が世襲制に近いインドなどは、まさに早期教育の宝庫と言ってもよいでしょう。たとえば、音楽の演奏家の家に生まれた子どもは、家業を継ぐために、幼児期からきびしい訓練を受けます。僧侶の家に生まれれば、まだその意味もはっきり理解できないうちから、お経を暗記させられます。物乞いの子どもたちは、三歳にもなれば立派に家族の一員として演技を身に付けて働いています。早期教育というものは、人類にとってけっして新しいものではありません。生活の知恵だったのです。

しかし、インドにおける早期教育と日本の育児雑誌を賑わせている種類の早期教育との間には、決定的な違いがあります。インドの早期教育は、生活に根づいたものであるということ。つまり「生きること」、「生き方」に直接関係してくる必要な技術の修得であり、**子どもたちも多くの場合それを知っている**ということです。

それが生活に密接に関係していることであるだけに、親たちは子どもをしっかりと観察し、能力、向き不向き、教え方といったことを考えながら、**主に親が教えて**きたのです。一方、現代社会の中に見られる早期教育は、学問という分野に極端に偏った早期教育がほとんどで、しかもそれは実生活にあまり必要なものではなく、毎日の生活にもあまり関連性を持たないものです。そしてそれは**主に親が他から与えられたシステムに従って教える**ものなのです。「実生活の中で、親が子に、生きかたを伝承する。」という私流の子育ての定義からすると、この二つの文化圏の早期教育にはかなりの違いがあると言わざるを得ません。

現代の日本で流行している早期教育を否定する気はありません。たとえそれが一律に「学問」という分野を基準にプログラムされた、偏った教育であっても、多くの親が子どもに関心を持っているという点では、アメリカや一部のヨーロッパの国々よりはましだと思うからです。一定の条件が充たされるようになれば、日本流早期教育もそんなに害にはならないと思うのです。その条件をいくつか挙げてみます。

1．**偏った育児方法だということを、親が認識していること**。一般的に早期教育と呼ばれるものは、ある技術を早い時期に修得することであり、土台としての子育てに追加して行われるべきものであること、けっして子育てに取って代わるものではないことを、親が常に認識していること。

2．得手、不得手、向き、不向き、を見る**手段の一つ**として役に立つものではあるが、早期教育の進み具合、及びその結果だけで子どもの能力を判断しないこと。

3．早期教育の進み具合、及びその結果だけで**親の能力を判断しないこと**。

4．日本の早期教育の多くは他人の子どもとの比較の上に成り立っている技術の修得競争であり、生まれながらにしてそうした技術の修得に向いている子どもと、そうでない子どもがいるかぎり、それは子どもにとってかなり**不公平な競争であることを親が認識していること**。

日本の早期教育は学校教育の延長線上にあるものが多く、学校教育が学問（技術）の修得を主な目的とし、親による子育てに取って代わるものではないのと同じように、早期教育が育児に取って代われるものではありません。それを親が認識していれば早期教育があってもいいわけです。

ところがこうした日本流早期教育の本質を親が見抜いていれば、親たちはその時期の子どもたちに必要なものを、もっと違った分野（例えば、食卓、遊び、絵本の読み聞かせ、散歩など）に求め、雑誌などに載っているいわゆる早期教育にはあまり手を出さないでしょう。そこで、業者たちは早期教育の実態をうまく隠し、それがあたかも子どもたちの人生に良い影響をあたえる必需品であるかのように見せるため、あの手この手を使うわけです。これが曲者です。業者たちは、他人の家の幸福よりも、自分たちがお金を儲けることを主体に考えていますから。

早期教育の危険性について少し考えてみたいと思います。私は先程から言っているように、早期教育自体はそれなりにかなり役に立つものだと思っています。将来、学校の勉強が楽になるかもしれませんし、親子の数少ない出会いの場となることも考えられます。そして、昔から極自然に行われていたことで、現在忘れられつつある「親が子どもに何かを教える」という習慣を、曲がりなりにも取り戻す形になればとても良いと思います。

しかし、親子の出会いの場としては、良い絵本の読み聞かせの方が色々な点で、はるかに優れていると確信しますし、一番困るのは、業者が、早期教育の実態を見抜かれないようにするために、**早期教育と育児の混同を計ろうとする**ことです。ただでさえ最近のお母さんたちの、育児、子育てに対するイメージはあやふやです。親であることに自信を持てないでいる親たちが急激に増えています。

そういう親たちに、学問（技術）の修得が子育ての最終目標であるかのように思い込ませ、子どもがどれだけ学問を修得したかで、親の善し悪しを、親同士で計りあうように早い時期から仕向けている業者たちのやりかたは、実に巧妙です。

一人の子どもの成長過程において、あらゆる手段を使ってお金を儲けようとする教育産業全体の組織的陰謀と言っては大袈裟かもしれませんが、早期教育が教育産業に親たちが取り込まれる出発点になっているのは事実でしょう。

そうしてお金を取られるだけならまだいいのです。しかし、本来普通に家族が生きていれば、当然手に入れられる「家庭の幸福」「家族のつながり」といったものが、親が子育てに関して間違った価値観を植え付けられることによって、失われてしまうことが多々あるという現実、そして、親たちのそうした競争意識が子どもたちを苦しめ、とくに、学問に向いていない子どもたちにはとても辛い世の中になってきている、という情況を考えると業者たちの陰謀（金儲け）は、悪質と言わざるを得ない行為だと私は思います。

一年早く学校へ入学すれば子どもたちは二十一歳で大学を卒業するでしょう。（欧米の学校がそうです。）二年早く学校へ入学させれば二十歳で卒業するでしょう。だからどうだと言うのでしょう。日本人のある学者が、ノーベル賞をもらった時の記者会見で、自分が経験したアメリカの教育をさかんに褒め、日本はだめだと言っていました。テレビで放映された記者会見でのその学者の横柄な態度、人間としての思い上がりを目にすれば、だれだって「あんな風な人間になるのだったらやっぱりアメリカの教育はだめだなあ」と思うはずなのです。ところがその学者は、ノーベル賞をもらうことが人間の価値を計る基準に成り得るんだと、すっかり勘違いしてしまっていますから、まさに鼻高々なわけです。その光景は、親の間違った基準で育てられた子どもの見本を見るようでした。

ずっと以前、私が子どもだった頃にテレビで見た、ノーベル賞受賞の学者の人たちは、もっと知的な感じがしたものです。そうしてみると、学問と子育ての混同による親たちの思い違いは、やはりここ三十年くらいの傾向なのでしょう。

「学校での成績がいい。」

だからどうだと言うのでしょう。物覚えのいい子を持って運が良かったというだけのことです。

「ノーベル賞をもらった。」

だからどうだと言うのでしょう。ノーベル平和賞でさえ個人の人間性をはかるという点では、賛否があるでしょう。

「うちの子はクラスの人気者なんです。」

これはかなり値打のある素晴らしいことです。

「うちの子は友人たちに頼りにされてるみたいです。」

拍手喝采です。親がしっかりとした子育てをしたに違いありません。
これが本来の姿です。

私は一般的に言うところの**いわゆる**早期教育について主に書いてきました。「幼児期に英語を教えることの大切さ」などという、とんでもない言葉に代表されるあの手の商業主義的早期教育です。子育て、そして親育てをうまく助けていくような「早期教育の奨め」もどこかにきっとあるのかもしれません。

アメリカ社会のように親たちがどんどん子育てを放棄し始めている社会に比べれば、子どもの将来に熱心な関心を寄せている日本の親は確かに優秀です。

しかし、「学問の修得」を「子育て」と勘違いすることは、**結果として、限りなく子育て放棄に近い熱心な子育て**になってゆく危険性を伴っています。そこのところに注意し、子育ての基本が「生きかたを教えること」であることを忘れさえしなければ、早期教育もまた楽しい家庭作りに一役買えるかもしれません。

私の子どもはまだ七ヵ月ですが、じつは私も早く何か教えたくてうずうずしているのです。そしてほんのちょっとしたことでも、他人から我が子が褒められれば嬉しいのです。六ヵ月検診で、「とてもしっかりしていますね」と言われただけで、一週間くらい幸せだったのですから。

幼稚園・保育園のジレンマ

先進国と呼ばれる国々での、学校を中心とした教育システムの急速な発達と、日常生活への浸透には、まさに目を見張るものがあります。その普及率の高さは、学校教育というものがシステムとしてここまで普及したのが実は極最近のことなのだ、ということを私たちの記憶からすっかり忘れさせてしまうほどです。

学校教育の普及と充実に加えて、日本では幼稚園・保育園の制度が充実してきました。ほとんどの子どもたちが幼稚園か保育園に行きます。多くの先生方の熱意と努力によって、日本の保育システムは公平に見て世界で最も高い水準であると言ってもよいでしょう。幼稚園、保育園における子どもたちの生活が充実することそれ自体は、とても良いことです。

しかし社会全体の問題として分析するならば、この保育の充実が学校教育以上に大きな危険性をはらんでいるのです。

文部省でさえ最近、学校教育の中で、「のびのびとした」とか「自由に、個性が伸ばせるように」などと言う言葉を使う時代になりました。

幼稚園や保育園の職員室に行くと、こうした言葉に加えて「他人の気持ちを考えられる子ども」とか「優しく、思いやりがある子ども」「自律心を育てる」といった保育目標が必ずといってよいほど掲げられています。良いことです。

問題なのは、それを親たちが見たとき、ここに子どもを預けておきさえすれば、そうした理想的な子どもに育っていくのではないか、という錯覚を覚えることなのです。おまけに自分はあまり苦労をしなくてもいいようですし、月謝を払っていることで、立派に親の役目を果たしているような気もします。（幼稚園や保育園の先生たちに講演していて、ここまで話すと、先生たちの目が俄然キラキラ輝いてきます。なぜならこの現象は、いま、日本のあらゆる園で起こっていることなのです。）

素晴らし幼稚園、保育園が、実は「親たちの子育て放棄」の出発点になってしまうことだってあるのです。園で良い保育をしようと、真剣にがんばっている先生たちほどこうしたジレンマを抱えています。

子どもにまったく何も教えない親が増え、ご飯の食べ方さえ満足に知らない子どもが園に来るなんていうことが、もう起こり始めています。子育てがわからない、子育てに興味を持とうとしない親たちにとって、園は、まさしく渡りに舟なのです。

保育園などは、もともと夫婦で働いている人たちのために、子どもたちを預かる場所として作られたわけですが、そうした本来の役割とは別に、子育てを怠ける親を生み出す新たな構造を持ち始めてしまったのです。

もっと困ったことに、最近の園の中には、親たちが一番面倒くさがる、「しつけ」

を売り物にする園が増えています。特に私立の園では、一定数の子どもたちを集めなければやっていけません。子どもの数は年々減る一方ですし、園児獲得はいわば死活問題です。

幼稚園もサービス産業ですから、親たちのニーズ（要望）に応えることで園児を集めようとします。しつけもやります、個性も伸ばします、勉強も教えます、団体行動ももちろん教えます、あわよくば親業の肩代わりをしてもいいですよ、というわけなのです。これはもう積極的に親たちの子育て放棄を助長しているようなものです。経済活動と関っているだけに、この動きは恐い現象です。

お母さんが迎えに来ても、園から帰りたがらない。卒園式の日に肩を抱き合って泣きじゃくる。園における先生と子どもたちのきずなが、家庭における親と子のきずなより深くなってきている、という現象があちこちの園で起きているのです。園での素晴らしい人間関係は大切なことです。園の先生は保育、つまり子育てのプロですから親がぼやぼやしていれば、人間的なきずなにおいて負けてしまうことだって当然出てくるわけです。

もし子どもたちとそうした素晴らしい関係を作っていける園の先生が、その子どもをその子が大人になるまで見守り、育ててくれるのであれば、それはそれでいいと思います。子どもは必ずしも親の手によって育てられなければならないとは思いません。

しかし現実には、そうした園での先生と子どもたちの結びつきは、あくまでも六歳の春に切れる関係なのです。子どもたちの成長には、将来にわたって長く続いてゆく親子の関係が、土台として必要なのです。

園を巣立っていく子どもたちがすぐに直面しなければならない学校という組織は、保育を主目的とした組織ではありません。学問を教えることを主目的とした組織です。当然先生たちも幼稚園や保育園の先生たちほどには保育、つまり子育ての専門家ではありません。

よく親たちが学校の担任の先生の当たり外れを言いますが、子育てという要素を学校教育に期待すればするほど、担任の先生の当たり外れも、幼稚園以上に頻繁に起こってきます。

なぜなら、学問を教えることは技術でカバー出来ますが、物心ついた子どもたちの子育てに大切なのは人間性だからです。

しかしたとえ外れても、家庭における親子の関係がしっかりしていれば、子どもたちは様々な問題を乗り越えてゆくことが出来ます。親たちも学校という組織は本来学問を教える所だと割りきってしまえばいいわけです。

ところが外れた場合にそれを支えてやるだけの親子関係が土台として無いと、子どもの人生はまさに担任の先生の人間性に頼ったギャンブルの人生になってしまいます。担任の当たり外れという問題が現実に存在している以上、こうしたギャンブル人生に子どもたちを追い込む親は無責任な親と言われても仕方ありません。

幼児ならいざ知らず、自我に目覚め始めた四十人の子どもたちの子育てを一人の人間に任せること自体がもともと不可能ですし、無責任なのです。そういう観点からみれば、今のシステムの中で、たとえその意図するところが良いものであれ、文部省が子どもの個性うんぬんを言うこともまたある意味では無責任といってもよいでしょう。子どもたち一人一人の個性を、クラスの秩序を保ちながら育てられる先生などほとんど存在しませんし、そういうことを文部省が発言することで、ますます子育て放棄が広まることの方を私は心配します。六歳の子どもの親ともなれば、幼稚園、保育園の充実によって、すでに子育て放棄の癖がつき始めているころなのですから。

園の充実によって、子育てを園に任せるような親が出てくるくらいなら、園はこの世の中に存在しないほうがいい、と言ってもいいくらいです。乱暴な言い方のようですが、崩壊しつつあるアメリカ社会の現実を見ますと、親の子育て放棄が、社会的にいかに恐ろしい結果を生み出すか、私にはよくわかるのです。

日本はアメリカとは土壌も文化も違う国です。しかし、保育園、幼稚園から始まって、学校、塾、予備校、大学、カルチャーセンターと、これだけいたれりつくせりの教育機関がそのサービスを競っている国もありません。テレビのニュースを見ていると、政府も子どもたちの教育、学校の問題をあんなに頻繁に、熱心に討議しています。それが実際には、子育てとは次元の異なる話であることに、親たちはなかなか気付かないものです。「誰かが子どもたちの教育を考えてくれているようだ。しかも、その人たちは専門家なんだ。」アメリカの親たちの勘違いも、そこから始まっているのです。

山形のある幼稚園で、園長先生が語ってくれた言葉がとても印象に残っています。「私は、親たちに直接、うちの幼稚園にお子さんを入れませんか、とは絶対に言いません。職員にもそれは絶対にしてはいけない、と言っています。募集はします。でも、たとえ飢え死にしようとも、幼稚園は親に弱みを見せてはいけないのです。すみませんが、うちの子をよろしくお願いします、という態度が親にあってはじめて幼稚園は成り立つのです。」

親たちが、お金を払うことによって獲得した当然の権利のようにして、子どもを預けることの危険性を、その先生はしっかりと見抜いているのです。素晴らしい眼です。しかし、こういう園長先生は本当に稀になってきているのです。

園は人間社会を救えるか?

私が幼稚園や保育園、学校などで講演をするようになってまだ間もない頃のことです。アメリカの教育崩壊から学ぶことを意図して製作したビデオ「今、アメリカで」を持って、奈良の公立の保育所に講演に行きました。

講演者としてはまだ新米の私は、緊張してしまい、おもしろく効果的に話をするだけの余裕がありません。自分の見てきたこと、考えたこと、伝えたいことを、何とかわかってもらおうと、話は自然に熱を帯びてきます。私の話は、ともすれば「海の向うの……」で片付けられてしまいそうな話です。ビデオの映像をもってしても、私がアメリカで暮らし、生活の中から感じた危機感は、なかなか伝わりにくいものです。講演が終わって、私が園長先生に、疲れました、と言うと、園長先生はこんな話をしてくれました。

「私は、毎年これをやっているんですよ。毎年毎年、子育てというものをほとんど理解していないんじゃないかと思えるようなお母さんたちが、いく人も子どもを預けに私の保育所に来ます。

手続きをするときの子どもの抱き方、扱い方で、そういうお母さんはだいたいわかりますよ。猿だってもっとましな抱き方をしますから。保母さんたちには、今年はあの親とあの親は要注意、と指示します。

そういう家庭の子どもは、やはりどこかおかしいですから、私たちも苦労します。殻の中に閉じこもってしまう子どももいれば、いきなりほかの子どもに噛み付いたりする子、ちょっときつく叱ると、食べた物を吐いてしまう子とか……。

私は毎年お母さんたちを一人一人呼び出して、話をするんです。二時間、三時間と話しているうちに、始めは、『えー』とか『はー』とか気のない返事を繰り返していた人が、少しずつ心を開いて、終りには私の話に真剣に耳を傾け始めるんです。話し終ると、私は精も根も使い果たして、ぐったりしてしまいます。でも効き目はあるんです。

次の日から、子どもが少しずつ良くなっていったり、お母さんの表情も明るくなってきたりすると、ああ良かった、とほっとします。」

十年くらい前からお母さんたちの様子が急におかしくなってきている、と先生は怒ります。ときにはお母さんたちを叱り飛ばすのだそうです。「こんなことしなくてもお給料は貰えるんですけどね。私がこれをやめたら、何かが一気にどーっと崩れて来るような気がするんですよ。」その保育所では、子どもたちも先生たちも、とても生き生きと生活しているように見えました。しかしその蔭には、園長先生の必死の努力、瀬戸際の闘いがあったのです。

人が、一対一で、心を込めて話をすることに勝るものはありません。話す人に、経験と実績の裏付けがあって、相手の気持ちを把握する力があれば、なおいっそう良いわけです。聞き手と話し手がそうした会話によって信頼関係を深めていくことが将来のためにとても大切です。

「何かが一気にどーっと崩れて来る」という実感。これは私がアメリカ社会を見て感じたこととまったく同じ種類の物だと思います。学校教育がどうだとか、受験戦争がどうだとか、そんな物ではないのです。「何か」が崩れてくる、そうとしか表現のしようのない、本能に訴えかけて来るような不気味な危機感なのです。

私は、平和で安全で生活環境も恵まれている日本を見ていて、現代社会に対して自分が抱いているこの危機感が、取り越し苦労ではないかと思うこともあったので、くしくも保育の現場にある先生からそれを聞いて、やはりそうだったか、と意を強くしました。そして日本の各地の園で園長先生と話をする機会が増えるにつれ、この不気味な危機感を実際に肌で感じているのは、教育評論家でも、学校の先生でも、マスコミでもなく、二十年三十年と保育に取り組んでいる、園長先生たちなのだ、と確信するようになりました。

奈良の園長先生の話を聞いていると、問題のあるお母さんたちには、大きく分けて二通りあるようです。

子育てに関心が薄く、それから逃げようとしている人。根本的に子どもに集中出来ないタイプの人たちで、子どもを叱ることもあまりせず、ときには自由教育という言葉を都合よく解釈して、または勘違いして、放任を自慢しているようなお母さん。もう一つは、熱心に子どもに何かを教えようとするタイプの人。言葉を覚え始めたばかりの子どもに、「これは門。これがポスト。これは坂道。」などと、嫌がる子どもに無理矢理言わせようとするお母さん。学校での教育を、そのまま子どもの教育と勘違いしてしまった場合です。

こうした家庭は一見経済的にも恵まれていて、親も大卒で、教育には知識も理解もありそうな親たちですが、やはり子どもの心をとらえているとは言えません。園長先生が内緒で教えてくれました。「近頃は、学校の先生をしている親たちは、まず要注意ですよ」驚いたことに、私は、この「学校の先生要注意説」は、その後あちこちの幼稚園で聞いたのです。（ここで言う学校の先生は、子どもを幼稚園・保育園に行かせている人たちですから、年齢的には非常に限られた層の人たちだということを、念のため付け加えておきます。）

先日、奈良の保育所からまたお呼びがかかりました。父の会の人たちが一緒に夕食をしたい、というのです。それはたった三人の父の会でした。三人はお酒を飲みながら熱心に語ってくれました。本当は三人ともちっとも良い父親ではなかったこと。子育ては母親任せで、毎晩外で飲んでは遅く帰っていたこと。それがある日、園長先生に「宿泊保育があるから、夜警のつもりで一晩園児と一緒に泊まりなさい」と命令され、しぶしぶ保育所に泊まり、それから自分の人生が変わってしまったこと。

「自分の子どもも含めて、何十人もの子どもたちと一日中保育所で過ごしてみて、何か自分の人生に欠けていたものを突然見つけたような気がしたんです。家で自分の子どもを見ていただけじゃあ、わからなかったんだけど、ああ、一体俺は今まで何をしてたんだろうと思いました。

「子どものために子育てやってんじゃないんですよ。自分のためにやってるんです。楽しいからやってるんで、義務なんかじゃないんです。子どもと真剣に付き合い始めて、突然人生が開けたような感じっていうのかな。よくわかんないけど。」

園長先生はそんな三人の話を横で聞きながら、得意げに笑っています。私は、三人が、他人にもこの楽しみを分けてあげたいと心底思って熱弁を奮っているのがわかりました。私はいま、この三人のメッセージをどうやったら他のお父さんたちにも伝えられるだろう、と必死に知恵を絞っています。

幼児の親は、誰でも親であることに関しては初心者です。そしてこの時期は、自分の子どもの成長に一番興味を持っている時期でもあります。そういう時期に、子育ての楽しさ、大切さをしっかりと認識させることが出来たら、社会で起こっている問題の大半は解決するのではないでしょうか。

子育てに絶対的な方法というものはありません。十組の親子があれば、十通りの子育て、または親子関係があっていいはずです。大切なのは親の目と子どもの目をどうやって出会わせるかということです。親子がお互いに関心をもって育ちあうことができるか、ということです。

こうしたことは人類が何千年もやってきていることです。難しいことではないはずです。幼稚園・保育園の先生が、初心者のお父さんお母さんたちに、**毎年毎年**このメッセージを伝えることが出来れば、アメリカ社会に見られるような、家庭の崩壊、学校の崩壊、人間社会の崩壊は絶対に避けられるのです。

幼稚園・保育園には、経験を積んだ子育ての専門家がいるわけです。その人たちが、チェック機関としての役割を果たし、親子関係の出来ていない家庭を見つけ、親としての目を覚まさせる。自信を失っている親たちの相談に積極的にのる。

そのようにして親たちに少しでも親としての自覚と自信を取り戻してもらうことが、今の社会には、どうしても必要なのです。

「園は人間社会を救えるか……？」。もし園が子どもたちの保育だけではなく、成長していない親たちを保育することまでも、引き受けてくれたら、可能かもしれません。

家庭での保育が非常にあいまいになってきている現在、子どもたちを預かり育てるだけでも大変な仕事だ、ということは良く分かっています。それでもあえて言いたいのです。子どもの成長を考えることは、親子関係の成長を考えることにほかなりません。幼稚園・保育園が単に子どもの保育をするだけにとどまらず、親子関係の成長に注意を払う方向に動き出せば、園は人間社会を救える数少ない教育機関の一つになるでしょう。

岩手県の、ある年輩の園長先生が、笑顔でおっしゃいました。

「最近、小学校の科目に生活科というのが出来たでしょう。そしたら、この新しい学科で何を教えたらいいのかわからない先生がたくさん出てきてしまって、困っているそうなんです。私は言ってあげたんです。幼稚園にいらっしゃい、教えてあげますよってね。」

学校が大人たちを変えた

最近ある雑誌から「子どもの心をどう読むか」という題名で、原稿を依頼されました。この題名を聞いたとき、私は、何か変だぞと思いました。

私の育った家庭には父の仕事の関係上、子どもの頃から岩波の少年文庫を中心に児童書がいっぱいあって、私は二十歳くらいになるまで、児童書ばかり読んでいました。良い児童文学は大地や自然を感じさせ、主人公の子どもの目線から見た世界が書かれています。そうした本を数多く繰返し読んでいますから、今でも、子どもの視点、考え方は良くわかります。「子どもの心をどう読むか」という題名を聞いたとき、私がまず思い浮かべたのは、子どもたちが寝静まったあと、そっと二人で本を開いている父親と母親です。その本の表紙には、「子どもの心をどう読むか」と書いてあります。次に思い浮かべたのは、親たちに隠れてひそひそと話し合っている数人の子どもたちです。そのうちの一人が手にしている本の表紙には「親の心どう読むか」と書かれているのです。

もしも親たちが、「親の心をどう読むか」なんていう本を子どもたちがひそかに読んでいるのを知ったら、たぶん不愉快に思うはずです。そして、他人からされて不愉快に思うことは、人にしてはいけない、と私達は子どもたちに教えているのです。

「子どもの心をどう読むか」、またはそれに類するような題名、内容の本がたくさん書かれ、本屋さんに出回っています。いつのまにそんな社会になってしまったのでしょうか。

子どもたちは大人たちと違って自分の気持ちを素直に顔に出すものです。悲しかったり、辛かったりすれば、その様な顔をします。それに気付いた大人たちはどうすればいいのでしょうか。

「どうしたんだい？」と聞けばいいわけです。長年この「どうしたの？」が、ほとんどの問題を解決する鍵になってきたわけです。ところが最近、「どうしたの？」と大人が聞いても答えてくれない、つまり心を開いてくれない子どもたちが増えているのです。

子どもたちが心を開いてくれない場合に必要なのは、人間関係の改善です。親と子の、先生と生徒たちの、大人たちと子どもたちの間の人間関係の改善が必要なのです。改善する方法は千差万別ですが、第一歩はやはり「お互いに真剣な態度で向い合う」、ということでしょう。

子どもたちはたいてい真剣に生きていますから、この場合、大人たちがまず真剣な態度で子どもたちに向うことが出発点になるでしょう。しかし困ったことに最近の大人たちは、人間関係の改善の仕方をよく知りません。真剣な態度とか、心を開いて人と接することが出来なくなってきているのです。

そこで大人が考えた手が、心理学的方法で子どもたちを分析し心の中を探ろう、という非常に賎しい方法です。それを職業にしている専門家の人達が研究するのはべつに構わないと思いますが、そうでない人達まで、他人から与えられた法則で子ども計り、対処しようとするのです。もともと児童心理学なんていうものが、この世の中に存在しなくても私たちはぜんぜん不自由しなかったはずです。

それにこういう最近出来たものにはあまり頼らない方がいいのです。頼ろうとする気持が広まることが問題です。こんな方法で子どもたちと付き合おうとするのは、子ども側からしてみれば、明らかに不真面目ですし、失礼です。最近こうした失礼な大人たちが多過ぎます。

人は「教わること」そして「教えること」の両方を体験して初めて一人前の人間として自立出来るのではないでしょうか。

教わることばかりに慣れてしまって、教えることが苦手な大人が増えています。幼稚園で教わり、小学校で教わり、中学校・高校で教わり、塾で教わり、予備校で教わり、大学で教わり、親になってもカルチャーセンターに行く。教わっていないと、不安でしょうがない。何か教わってさえいれば、それが役に立つことであろうとなかろうと安心する。それで自分が成長しているような気がする。人生も充実しているように思える。そんな大人が増えています。生涯教育などという変なことを言いだす大人も出てきました。これはやはり、学校というシステムが社会全体に及ぼした巨大な影響の一つでしょう。恐ろしいことです。

人間は本来、ある時期にくると、教えることによって成長し始めます。親になった時がその大きな転換期といえます。親は子どもたちを観察し、性格を見きわめ、その子どもが生きて行く方法を教えてあげる。その過程で、子どもたちに親の気持ちをしっかり伝え、親子間の信頼のきずなを作り、人間関係の作り方を教えてやる。

つまり「教える」ことは、一人の人間を「理解すること」、そしてその子のために「考えること」であるわけです。何を教えたらいいのか、どう教えたらいいのか、そうしたことを考えることは、人間関係の作り方を考えることに他ならない、自分の生きかたを見つめ直してみることにも繋がる、自問自答のクリエイティブな仕事なのです。

これをして初めて人間は一人前になっていくわけです。人生のうちこの部分をさぼってしまっては、半人前です。教えることは教えられることだ、と昔から言われてきましたが、いまこそその言葉が生き返らなければならない時代なのです。赤ん坊という、言葉が通じない不合理な人を相手に、その人の気持ちを読み取ろうとする努力から始まって、忍耐力を養いながら、子どもの成長を観察し、自ら工夫して教える。その過程で、一人の大人の人間が完成していくわけです。そして親がそうした努力をするのを見て、子どもたちは親の愛情を確認するわけです。

学校教育を終えた、ある年齢に達した、子どもを産んだ、だから一人前の大人かというと決してそうではないはずです。教師の免状を取得したことで、教師として完成したのではなく、それが教師としての出発点であることと、同じことです。

真剣に相手と向かい合い、工夫して人間関係を作っていくことをせずに、ともすれば安易に専門書に回答を見つけようとする。すべてのことに、正しい答えがあるように錯覚している。こうした大人たちの傾向は、学校教育が社会生活の中で大きな位置を占め過ぎたことから生まれた現象であることは言うまでもないでしょう。教わることに慣れきって、教えることに怠惰になってしまった大人たちは、いつまでも成長しない、親になる資格のない大人たちなのです。

親からの手紙

一人の親からとても正直な一通の手紙をもらったという幼稚園の園長先生の話です。

「遠足の時、先生が遊んでくれなかった。」というのがその手紙の内容でした。自分の子どもと遊んでくれなかった、というのではありません。自分たちと遊んでくれなかった、というのです。「確かに素直には違いないんだけれども、昔のことを知っている者には隔世の感がありますね。」と園長先生はため息まじりに言います。

最近の幼稚園の遠足は、大人も遊べる所へ行かないと、後で親たちから文句が出るそうです。そして、大人たちは大人同士で遊ぶのだそうです。

園で子ども同士の喧嘩があったとします。園長先生は義務としてそれを親に報告します。昔の親は、心の中では自分の子どもを心配していたとしても、たいていまず「相手のお子さんは大丈夫でしたか?怪我しませんでしたか?」と聞いたのだそうです。最近の親は、自分の子どもの無事を確かめると、「相手は誰ですか?」と聞くそうです。園は原則として、親に子どもの喧嘩の相手は教えません。すると、あちこちに電話をして調べあげ、相手の親に苦情の電話をかけるそうです。

私はこの話を聞いたとき、ある言語学者の講演を思い出しました。その学者は、人間という言語を持っている動物の特殊性について話していました。

動物は全身を使って感情を現すそうです。つまり、犬が怒っているときは、頭のてっぺんから尻尾の先まで怒っているそうです。ところが人間は、顔で笑って心で泣いて、ということが出来るのだというのです。心の中で思っていることと違うことを言葉で言うことが出来る、そこが人間と動物の違う点だというわけです。

人間社会で生きてゆくために覚えなくてはならない、人間独特のコミュニケーション技術の一つが、顔で笑って心で泣いたり、相手を思いやって言葉を掛けたりすることなのです。そうしたコミュニケーションの技術を一つひとつ身につけて、子どもは一人前の大人になってゆくわけです。そうした技術を身に付けずに親になっていく大人たちが増えています。

そしてこれは動物でも同じですが、子どもにとって第一の手本が親です。

お茶屋さんの話

十五年ほど前、私がインドのある村で、生活していた頃の話です。日が暮れて夕食時になると、私は、村はずれのお茶屋さんで毎晩夕食をとることにしていました。土の壁と藁葺の屋根で出来た粗末な店でしたが、ランプの灯をたよりに、手で食べる白いご飯とお茶はささやかでしたが、一日を終えるのにふさわしい食卓のように思えました。

すぐ足元の草むらから虫の音が聞こえ、お店を囲む田んぼからは蛙の声が暗闇を通して聞こえてきます。小屋の中にいても、月の出てくるのが気配でわかるような静かな夜を、私はいく晩もすごしました。

そのお茶屋さんには、三人の息子がいました。上の二人は十歳と八歳ぐらいだったでしょうか。よく働く子たちで、土間の床を掃いたり客の給仕をしたりして、毎日父親を手伝っていました。インドの貧しい家庭では、五歳にもなれば子どもは働きます。家に仕事がないときには住み込みの丁稚に出ることもあります。子どもは一家の大切な労働力であり、それだからこそ重要な一員でもあるわけです。机が二つあるだけの小さなお店でも、仕事を任された二人の子どもたちにとっては立派な仕事場で、口をつぐんで勤勉に働く姿が、一人前なんだという彼らの気持を伝えてきます。

真剣に背伸びをしている子どもの姿というのはいいものです。ひと仕事終えて店の隅に腰掛け、いかにも慣れた手付きで煙草を一服吸っているところなどは、額縁に入れておきたいような美しい光景でした。働く子どもの悲壮感というものは、そこにはありませんでした。

そんな兄たちに比べ、末の息子、三人兄弟の一番下の子は、ちょっと変わった子どもでした。五歳にはなっていたでしょう。もう何か店の手伝いをしてもいい年頃なのに、いつ行っても毛布にくるまり、客の座るベンチの端に座って、ゆらゆら揺れるランプの炎をじっと見つめているだけなのです。

どこか体の具合でも悪いのかなと思いましたが、上の二人が働き者なだけにかえって聞き辛く、私は黙って見ていました。そんなある日、お茶屋の主人から、こんな相談を受けたのです。

「末の息子をなんとか学校へ行かせたいんだが、少し援助をしてくれないだろうか。」彼は、その子はどうも普通と違うようだ、働かせるよりも学校へ行かせるべきじゃないかと思う、と言うのです。

私は珍しいものを見つけでもしたように、お茶屋の主人の顔を見直しました。彼の目に一瞬不安そうな色が浮かぶのが見えました。しかし、私はまっすぐにその父親の言葉をうけとりました。

末の子を学校へ行かせるために上の子たちも働くと言っているし、自分もなんとかしてやりたい、でもやっぱりお金が足りない、と言う父親に、私はすぐに何某かの援助をしてやりました。

その晩お茶屋さんからの帰り道、私は何かとても新鮮な体験をしたような気がして興奮していたのを覚えています。ランプの灯をたよりに生活している貧しい一家が、家族全員で、こんなに子どもが小さい時期から真剣に、しかも自然に将来の問題に取り組んでいる。

生きていく上での役割分担が、子どものうちにすでに決まっていく。上の子たちも、それが当然のように、ちょっと変人の弟を学校へやらせる手助けをするという。二十

歳になって未だ人生の方向さえ決まっていなかった私には、藁葺屋根の下で暮す一家の息づかいが、なんとも新鮮に映ったのです。

当たり前のこととして学校へ行き、とてつもない量の情報を詰め込んで、自分の生き方さえつかめない。思いがけなく浮き彫りになった自分の姿が、自分の今までの人生を見せてくれたような気がして妙におかしかったのでした。

私の好きな児童文学の中には、主人公の子どもが、草原や森や海といった大自然の中に泣きに行く、問いかけに行くという場面がよく出てきました。エスキモーは昔から、悩みごとがあるとその問題が解決するまで、雪原を一人で真っ直に歩き続けるといいます。私は今でも時々、お茶屋さんの一家を思い出します。月明かりと藁葺屋根とランプの灯を思い出します。

私にも子どもができました。いつかあの夜道を自分の子どもと一緒に歩きたいと最近思っています。

家庭科は現代社会を変えられるか

夏休みに、高等学校の家庭科の先生たちの研修会に講師として招かれました。講演を始める前に少し時間があったので、私を呼んでくれた先生に、家庭科の定義というのは何ですか、という質問をしてみました。先生の答えは、「三つの柱があります。一つは、家庭のあり方を教えること。次の、その家庭で必要な技術を教えること。そして、もう一つ、子育てについて教えることです。」というものでした。

私は、一瞬鳥肌が立つくらい感動しました。それは、私が取り組んでいるテーマとまったく同じだったからです。いま、現代社会に最も必要なこと、親たちに、そして子どもたちに伝えていかなければならないこととして、誰もが真剣に考えなければならないことが、すでに学校の授業にあるのです。

私は、この素晴らし哲学を持った学科が日本の学校教育のシステムに組み入れられている、という事実に感動してしまいました。本当に役に立つ学科、今の社会だからこそ絶対に必要な学科に私は出会ったのです。

しかし、私の感動も束の間でした。そして、それはやがて失望と怒りに変わっていったのです。先生たちが使っている教科書を、私は見たのです。学問の教科書でした。社会科のような味気ない文章と、二百以上のグラフや図表で埋められた冷たい本でした。「年齢階級別労働力率」「各国の家事時間」「世界の穀物消費量」「エンゲル係数」。これが家庭に必要な知識でしょうか。

「不適切な被服圧の影響」。

こんな項目を作って体のどの部分にどれだけの圧力がかかるのが適切であるかを、g／㎠で現してどういう意味があるというのでしょう。「窮屈な服はなるべく着ない方がいい」と一言で言えばそれで済むことではないでしょうか。

私は、もともと実生活に役に立たないことを学ぶ為に作られた学科で、役に立たないことを教えられているぶんには何とも思いません。

しかし、学問的にしかものを考えることの出来ない人たちが、家庭科のような本来素晴らしい哲学を持った学科、役に立つ学科まで台無しにしてしまっていることに無性に腹が立ちました。そこに学校教育の本質を見たような気がしました。

学校で教える教科書の内容というのは、たぶん学問を得意とする人たちが考えるの

でしょう。そういう人たちは、相手を見て、状況を考えて、何をどのように教えたらいいのかという判断をする能力に欠けているのでしょうか。子どもたちも中学生以上になれば、役に立つもの立たないものを敏感に嗅ぎわけます。「年齢階級別労働力率」が自分の人生に役に立つかどうかは直ぐに判断されてしまいます。

しかも、家庭科は受験科目にも入っていません。せいぜい内申書を良くするために、渋々勉強し、試験が終ったら忘れてしまうか、親を喜ばせるためにする勉強でしょう。

学校の勉強はそれを一つの苦役として考えれば、それなりに意味のあることだ、と私は思います。しかし、苦役で終わらせてしまうには、家庭科の定義はあまりにも素晴らしく、また重要です。その講演会の終

りに、私はひそかに、ああ、もし私に、日本中の中学高校の家庭科の授業内容を一切任せてくれたらな、と思いました。
　例えば、若者の心を分析し、捕え、物を売ることを専門にしている広告代理店が、プロジェクトチームを作って、家庭科の本質に沿ったカリキュラムを作ったら、きっと魅力的な素晴らしいものができるでしょう。こういう人間性を重要視した大切な問題は、学問を専門とする人たちに任せておいてはだめなのです。
　私は、いつか誰かがこの家庭科という学科を使って、様々な社会問題を解決してくれることを夢見ています。

「絵本」という道具

絵本が子どもたちに与える影響、またそれ以上に絵本が家庭において果たす役割、こうしたことについて、私の父は二十年以上にわたって発言してきました。同時に福音館書店という出版社を作って良い絵本を出版しています。父が長年説いてきた「絵本の大切さ」という言葉に、私は「こういう社会になってきたからこそ」という一言を付け加えたいと思います。

絵本という道具は、今の社会にとても役立つ道具です。これは正しい使い方と共に普及すれば、思ってもみないような効果を次々と産み出してゆくはずです。自分が絵本に特に親しんできたから言うのではなく、音楽、映像など様々な分野にかかわってきた結果、やはり絵本という道具はすごいと思うのです。絵本の機能について、父の発言してきたことを簡単にまとめてみましょう。

まず初めに重要な一言があります。

「絵本は、おとなが子どもに読んであげる本です。」この一言の徹底が、すべての鍵を握っていると言ってもいいくらいこれは大切なことです。これを絵本の使い方の原点とします。

1．絵本は親子が出会う場です。

（まず出会うことの大切さです。そこから自然に会話が生まれます。）

2．親子が何かを共に体験することが出来ます。

（ベトナム難民の家を思い出して下さい。共に体験することが信頼関係の土台を作るのです。）

3．いそがしくても十分くらいの時間があれば簡単にできます。

（何をしたらいいか考えつかない親たちのために、こんな便利な道具はありません。）

4．テレビと違って絵が動きませんから、イメージが子どもの頭の中で動きます。

（想像力を育てます。）

5．他人の言葉にしっかりと耳を傾けて聞く力がつきます。

（人間関係だけでなく学校教育にも役に立ちます。）

こうして主な機能をいくつかあげてみただけでも、絵本というものが家庭における親子関係作りに、いかに有効な道具であるかがわかります。二、三十年前だったら絵本はそれほど必要ではなかったでしょう。絵本に代わる物がたくさんありました。いま、こういう社会になってきたから必要なのです。

アメリカでも最近になってやっと親による絵本の読み聞かせが、家庭作りにとても大きな役割を果たし得るということが言われるようになりました。

しかし、それを多くの家庭で実行に移せるほど絵本自体が一般の家庭に普及していません。テレビがここまで子どもたちの心を捕えてしまった今となっては、少し気付くのが遅かったようです。

日本において絵本は驚異的に普及しました。幼稚園・保育園を通して各家庭に必ずといってよいほど絵本が置かれている現状は、世界的に見てもまさに奇跡といっていいでしょう。こんな国は世界中どこを探してもありません。しかし、残念なことには「絵本は大人が子どもに読んであげる本です。」という一言が、絵本ほどに普及しませんでした。園の先生方は、ほとんど知ってらっしゃいます。でも、毎年毎年この言葉を確実に新しいお父さんお母さんたちに伝えていかない限り、真の意味での絵本の普及にはなりません。実際、絵本が普及しても、子どもたちは本好きになりませんでした。中学・高校生の本離れはますますひどくなり、岩波書店の児童書が次々と絶版になっていきます。

園の先生方の理解により、絵本が商品として普及しても、その役割が家庭で正しく認識されない限り、絵本は生活の中に道具として生きてこないのです。「大人が子どもに読んであげる」この一言が何とか毎年家庭に入り込んでいくことを願って、私は父の講演をビデオにしてみました。園から新入園児の家庭に、回覧されれば便利なのではないかと思ったのです。私自身も最近講演しながら感じるのですが、話す内容は、講演会などに興味を示さない親たちにこそ伝えたいメッセージなのです。繰返し使えるビデオというのはそういう意味で有効な道具だったと思います。園の先生たちの手助けにもなるでしょう。

絵本の普及は進んでいます。他の国に比べれば、種は蒔かれているのです。いま、色々な方法、道具を使って親と子を向き合わせる機会を増やしていくことが大切なとき、絵本という道具を有効に使うべきなのです。


日本の子どもたちの文化とアメリカの子どもたちのそれを比べたとき、非常に大きな違いとしてあげられるものの一つに、劇画・漫画の文化があります。日本における年間の劇画・マンガの発行部数・販売実数はまさに驚異的数字です。

私は、個人的に言えば、児童文学に向いて欲しい子どもたちの関心が、子どもの本が普及する過程において、劇画・漫画に横取りされてしまったことを残念に思います。しかし、文学を好きになる子どもというのは、たとえ家庭に良い本が沢山あったとしても極一部に限られていますし、文章だけから情景をイメージするには一定の訓練と経験が必要です。

それに比べて劇画や漫画はイメージが作られていますから遙かに容易にストーリーに入っていくことができます。つまりメディアとして、子どもたちを受け入れる間口が広いわけです。そして忘れてはならないのは、劇画・漫画作家の方たちが魅力的な作品を生み出すために真剣な努力をしているということです。

だからこそこういう状況になったわけですし、アメリカの子どもたちの極端な活字離れ、読書体験の少なさを思うと、読みごたえのある独特な劇画・漫画文化が日本で育ってくれたことに心から感謝したいのです。「ジャングル大帝」のレオ、「巨人の星」の星一徹、「オレは鉄平」における親子関係などは、アメリカの漫画には絶対に登場しないキャラクターであり、家庭環境であり、価値観なのです。（レオは仏教的、星一徹は儒教的漫画で、鉄平は真の自由教育をテーマにしているようです。）しかも現在の劇画・漫画の発行部数を考えると、その社会における影響力には計り知れないものがあります。子どもたちは劇画・漫画から様々な人間関係・生き方を学んでいるはずです。最近では大人たちも劇画や漫画から生き方や価値観を学んでいます。そうした意味で、「釣りバカ日誌」や「美味しんぼ」が、日本の社会の安定に果たしている役割、貢献度は、現在の家庭科の授業が果たしているそれよりもはるかに大きなものだと言えるでしょう。

最近新聞で読んだのですが、「将来、社会的に高い地位につくことが、人生の目的として大切か？」というアンケートを、日本とアメリカの子どもたちにしたところ、アメリカの子どもたちの六割近くが「大切だ」と答え、日本の子どもたちでそう答えた子どもは二割程度だったそうです。人によっては、この結果を「アメリカの子どもたちは夢がある。さすがアメリカンドリームというだけのことはあって、野心がある。それに比べて日本の子どもたちには個性もなければ夢もない。」というようなことを言うかもしれません。

しかしそれはアメリカという国の現実を知らない人たちの言うことです。アメリカの子どもたちにおける六割という数字は、社会的に高い地位につく、または経済的に大きな成功をおさめることが、人生において最も価値あることだという認識が、子どもたちにまで行き渡っている、ということを示しているのです。それは競争社会における強者の論理であり、現実にこうした目標を達成できる人は数パーセントしかありません。強者の論理は結果的に社会全体の中に、人生における敗北感をあじわう人たちを大量に産み出すこととなり、これは社会不安につながります。

アメリカンドリームは、多くの子どもたちの失望の上に成り立ち、野心は多くの場合不幸の原因となるわけです。日本の子どもたちは、幸福をお金だけで計らない人生観・価値観をかなりの割合で劇画から学んでいます。またそうした一冊の本としても読みごたえのある劇画を、子どもたちは要求しているのです。

このように考えると日本の子どもたちの読書量は先進国社会でも群を抜いているといえるでしょう。（もちろん、質の悪い劇画・漫画も沢山あります。しかしそれは文学においても言えることです。）もしこうした読みごたえのある、子どもたちに様々な価値観を教えることのできる劇画や漫画がアメリカでも出版されていたら、中流以下で勉強のあまり好きでない、アメリカの競争社会に適さない無数の子どもたちの苦しみがかなり軽減されたに違いありません。

手塚治虫、ちばてつや、石森章太郎といった人たちに代表される劇画・漫画作家たちが築いてきた、この独特の絵本文化は、いまや日本社会をかろうじて支えている教育メディアだと言っても過言ではないでしょう。もしも将来こうした劇画がアメリカで出版され子どもたちに受け入れられるようになったら、不幸な子どもたちが減り、アメリカ人も少しは日本という国の本質を理解するようになるのではないでしょうか。（少なくとも、歌舞伎公演や日本祭りなどよりは、はるかにましです。）

日本の子どもたちの成長に、劇画・漫画が果たしている役割の大きさを考えるとき、私はささやかなお願いとして、作家の方たちが、家庭の人間関係が少しずつ崩れつつある、という社会全体の動きに今まで以上に積極的に注意を払って、創作活動をしてくれたらと思います。

国際化そして国際人

日本人はずいぶんアメリカのことを良く知っています。それに比べて一般のアメリカ人は、ほとんど日本のことを知りません。なぜでしょうか。

一人のアメリカ人に聞いたところ、こんな答えが返っていました。「必要ないでしょう。知らなくても生きてゆけますから。」何かを知ろうとしたり、学ぶ努力をするとき、本来それは、「必要だから」するものなのです。

日本では、最近幼児に英語を教えることを売り物にする幼稚園が出てきたりしています。日本に住んでいて、とりあえず近い将来移住する計画もない人たちが、使う機会もほとんどない技術を子どもたちに学ばせようとしています。幼児期は母国語をしっかり覚えて、人間関係を作っていけるコミュニケーションの基礎を学び、生活の土台となる習慣や文化を身につけなければいけない大切な時期です。

そうしたことを差し置いて、親はなぜ子どもたちにこんな役に立たないものを無理に押しつけるのでしょうか。中学校に入ってからでもいいではありませんか。

「国際化の時代だ。日本人は島国根性だから。もっと国際人にならなければいけない。」などと妙なことを言う人たちがいるからです。

国際人という言葉の定義を「他の国の文化を理解し、それを受け入れることの出来る人」と言った評論家がいました。もしこの定義が正しいとするならば、日本人は世界でも一流の国際人だと、私は思います。音楽、アート、ファッション、文学、どの分野をとってみても、日本人ほど他の国の文化をよく研究し、生活の中に取り入れている人たちを私は知りません。

学校教育の中で学ぶ音楽は西洋の音楽が主体です。若者たちが親しんでいる音楽も一部の演歌を除き、完全に西洋音楽です。

アート、ファッションはもちろん、翻訳ものの文学も驚くほどまんべんなく読まれていますし、児童文学などでは原書がとっくに現地で絶版になっているのに日本語版はまだ出ている、というような名作がたくさんあります。自動車、電気製品、カメラ、工業技術、などの産業面では、受け入れる段階を通り過ぎて今や最先端をいっているわけです。

食文化の面でも、世界各国の最上等の食べ物がいつでも食べられます。少なくとも、ほとんどの分野に渡って、欧米の人たちが日本やアジアを知っている何倍も、私たちは、欧米を知っていますし、受け入れてもいます。大臣級の人材が集団で二年間近く海外視察をするために日本を空けた、明治維新直後の真剣な国際化問題ならいざ知らず、なぜみんな国際化することと、国際人になることに未だに一生懸命なのでしょう。

国際化と国際人という言葉が、お金儲けに使われているのです。そういう言葉で客を釣って、月謝を払わせたり何かを売りつけようとする人たちがいるのです。そういう言葉を口にすることでお金を貰っている評論家みたいな人たちもいます。

こういう人たちの言うことを注意して聞いていると、国際化とか国際人という言葉が、実は西洋化とか西洋人という意味であることがすぐわかります。はっきりとそう言ってくれれば、それなりに論議にもなるのですが、そうは言わずに国際化・国際人という非常にあいまいな言葉を使ってうまく儲けようとしているのです。（西洋社会には、日本で現在頻繁に使われているような概念に当たる国際化・国際人という単語はないでしょう。）

これは、存在しないものを売るという点で、悪徳商法に似ています。幻想を親たちに売っているようなものです。夢を売るのは悪いことではありませんが、それで子どもたちが苦しんだり、もっと他のことに使わなければならないはずの親子の大切な時間を失うのだとしたらやはり問題です。

電車の中は、英会話教室の広告でいっぱい。英語を習わないと社会の流れに取り残されるような印象を与え、商品のポスターやテレビのイメージコマーシャルには西洋人のモデルがあふれ、西洋人、そして西洋社会を必要以上に美化しています。私たちは今以上に西洋化する必要があるのでしょうか。

ある新聞にお年寄りがこんな投書をしていました。日本に来ている西洋人はたいへんマナーが良い、それに比べて海外へ行く日本人のマナーはとても悪いと聞いている。日本人ももっと国際的に通用するマナーを身につけなくてはいけない、というのです。これはおかしな話です。

日本に来る西洋人と海外旅行をする日本人を比較することがそもそも間違っているのです。日本に来る西洋人、つまり日本に興味を持っている西洋人というのは、すでにかなり特殊な人たちで、主に知識人、学者、もしくはインテリ上流階級の旅行者といってもよいでしょう。（最近はすこし変わって来ましたが。）マナーがいいのは個人的にその人の育ちがいいからです。

しかし日本人はと言うと、もう誰でも海外に行きます。ごく普通の一般的な人たちが行きます。マナーの悪い人たちが含まれる割合も当然増えるわけです。ですから比較にならないのです。もしアメリカから、ごく一般的なアメリカ人が大量に日本に来たら、そのマナーの悪さに日本人はあきれるでしょう。

そしてアメリカ人たちは、日本の地下鉄に落書きがまったくなく、タクシーが毎日洗いたてのように綺麗なのにびっくりするわけです。そろそろ客観性を持った目で、西洋と日本を比べるようにならないといけません。冷静な目で世界全体を見渡し、これから日本はどこまで西洋化するべきなのか、ひょっとして西洋化し過ぎてないか、と考える時期と思います。

客観性を持って読んで欲しいな、と思った新聞記事がもう一つありました。「『夫婦の日』より『個人の日』」というタイトルの付いた、東京都在住のアメリカ人の投稿記事でした。

「『夫婦の日』に独身者怒る」の記事（朝日イブニングニュース、十一月十九日付）を読み、通産省のお役人は日本社会で結婚が、数年前と同じ高い地位を占めていると相変わらず思っているとは、何と世間知らずだろうと驚いています。日本では最近結婚年齢が高くなり、特に女性に、結婚より一生の仕事を持つことを優先させる傾向が見られますが、そうした社会に関心を払わないのでしょうか。それに同性愛者や増加の一途にある離婚者のことも。

政府が新しい休日を作りたいと考えているのは結構です。ただし、だれにも差し障りない内容の日に願います。たとえば、各人が自分自身のために使う休日として「個人の日」というのはどうでしょうか。

という文章です。

祝日は誰にも差し障りのない内容の休日にすべきだ、ということがこの記事の論点のように一見思えますが、本来祝日は何らかの意味を持って、または思い入れを込めて作られるものですから、誰にも差し障りのない内容にするのは困難です。

アメリカの祝日、独立記念日は先住民であるアメリカンインディアンたちから強い反発を受けていますし、キング牧師の誕生日は、南部の白人から攻撃の的にされています。それに比べれば「夫婦の日」というのは、なかなか日本的で感じがいいと私は思います。（実は、どうせデパートの商業戦線に利用されるだけと分かっていながら、今こそ、こういう祝日が必要なのではないかと思っているのです。）

この投書の論点は、「夫婦」という単位と「個人」という単位を比べ、「個人」という単位の方が重いと言っているのです。そして、夫婦という単位に重きを置くのは古い考えで、そろそろ日本も先進国の仲間入りをしたほうがいいのではないですか、という響きがあるのです。「夫婦」と「個人」の重さを同次元で比較するのは、「社会の問題」と「個人の問題」を同次元で比べるのに似て、無理があるのですが、アメリカ人は、「個人」という言葉に「権利」という言葉をつなげることによって、さかんにこの二つの次元の混同をはかってきました。

一人称、「自分」という概念を感覚的に把握する習慣があまりない文化・社会環境の中では仕方のないことかもしれません。（このあたりの「民主主義における個人の権利と国民の文化的背景からくるその解釈のしかたの違い」という問題は、文化人類学的に分析してみるとおもしろいのですがそれは専門家に任せましょう。）

難しい話はこれくらいにして、「夫婦の日」、これは「子孫繁栄の日」ではないかと私は思います。この表現に民族主義的臭いを嗅ぐ人がいるといけないので、「種の保存の日」「繁殖の日」「自然の摂理の日」とでもしておきましょうか。生物学的に見て、「夫婦」という単位は、種の保存の基盤になる最も大切な単位なのです。それを重要視することは良いことだと思います。祝日にするとは実に気がきいています。大自然の目から見れば、「個人」では繁殖も出来ないのです。

人間も種の一つだということを念頭に置いて考えれば、夫婦は社会の最小単位だと言えるかもしれません。そして社会の中でその単位が崩れたときの危険性については、アメリカの現状を見れば明らかです。現代社会においてこそ社会学と生物学（生態学）は切り離して考えることのできないものだと私は思います。それを切り離して考えたとき、人間は必ず大自然からしっぺ返しを受けるはずです。（人間の生態、これも大自然の一部です。）

自然の法則、そして民主主義における個人の権利。この二つを両立させるだけの知恵を人間は持っているはずです。「個人」「自我」「我」、一人称の概念を伝統的にうまく把握してきている東洋人は、この二つを両立させていく可能性を一番持っている人たちなのかもしれません。結婚が常に最善だとは言いません。しかし「夫婦の日」、この響きを私は好きです。

テレビの番組に『おかあさんといっしょ』という番組がありますが、アメリカで、この番組のことを言ったら、日本はなんて遅れているんだ、と集中攻撃を受けるはずです。「おかあさんとおとうさんといっしょ」または「りょうしんといっしょ」でなければいけないのです。「おかあさんといっしょ」というタイトルは、女性の人権を侵害しているわけです。私は、女性の権利を獲得する運動も理解できますし父親の子育て参加は、自然の摂理から見ても絶対に必要だと思います。しかし、アメリカでだったら女性からこっぴどく攻撃されるであろうこの「おかあさんといっしょ」という番組が、まだ当たり前に存在している日本の現状のほうが、人間社会としてはうまくいっている、ということも今この時点で確認しておきたいのです。そうした観点で、もう一度このアメリカ人の投書を読み返すと、日本のアメリカ、二つの文化圏の考え方の相違、社会状況がはっきりと浮き彫りにされてくるでしょう。

先進国の中で、父親参観日という言葉が、現在に至るまでかろうじて生き残っているのは日本だけでしょう。しかし、親たちの離婚が増えるにつれ、この言葉も消えていく運命にあります。離婚家庭の子どもたちのことを考えれば、幼稚園教育の中で、父の日の行事を行うことさえ難しくなってきているのです。夫婦の日が否定され、父の日が消え、いずれ母の日も無くなる。まぎれもなく、それが私たちの進んでいる方向なのです。

あるアメリカの高等学校の校長先生が、政府の派遣で日本へ視察に行ったときの感想を話してくれました。

「日本の学校は、子どもたちが教室の掃除をしていた。あれは素晴らしい。」

私は、おっ、良い所に目を付けたな、と感心しましたが、次の言葉を聞いてがっくりしました。

「生徒をただで働かせて、学校にかかる費用を節約するとは、さすが経済成長する国は違うね。でもアメリカでそんなことをしたら、即刻親たちから人権問題で訴えられるよ。」

学校で子どもたちが自分たちが散らかした教室の掃除をする。このことには、費用の節約という問題とは次元を異にする意味が含まれている、ということを私たちはいつの間にか知っています。

しかし、その校長先生の目には、民主主義における人権が確立されていない国だからそういうことが出来るのだ、と映るのです。そして、確かに生徒に掃除をさせるのはうまいアイデアだけれど、日本は民主主義国家としては遅れているな、という優越感が言外にあるのです。国際交流とか、政府派遣の視察団というのはだいたいこんなものです。その国に住んでみないと、掃除の意味さえ正確に把握できないのです。

国際交流を考えるとき、一番大切なのは、やはり内側の問題、迎え入れるときの状態だと思います。外国人が日本へ来た時、きれいな街だ、安全な国だ、いい人たちだと思われるようになることが、最も身近に具体的に出来ることであり、私たち自身の日常生活のためにもなることです。自分の家を掃除するようなものです。そして、自分の持っているもの（文化）で相手を歓待する。自分の家に相手を迎え入れることから交流が始まります。

アメリカの中にも、一つの人間社会のあり方としての日本に学ぼうとする人たちが少しずつ出てきました。アメリカが白人主体の社会であり、しかも戦勝国であることを考えれば、これはかなり勇気のいることなのです。もしアメリカが、いつか本気で日本から何か学ぼうとしたとき、日本がすっかり西洋化してしまっていたら、こんな馬鹿げた話はありません。歌舞伎の紹介とか、文化使節とかいったレベルの文化交流ではなく、なんで日本の子どもたちは教室の掃除をさせられるのかというような、日本の良いところ、しかも役に立つことを、真剣に世界に紹介することが本当の国際交流だと私は思います。そして歌舞伎と同じように、「子どもたちの掃除」も、国によってちゃんと保護されるべきなのです。

女性が武装する日（アメリカで）

『おかあさんといっしょ』や『お母さんの勉強室』といった番組が絶対に存在し得なくなったアメリカ社会で、近年女性に対する拳銃の売り上げが驚異的に伸びています。ここ数年間に五十％増という数字は、何かそこに不気味な意味を含んでいるような気がしてなりません。

猟銃と違って、拳銃は人を殺傷することを目的として造られた武器です。それを所持する権利が今だに守られている裏には、自己防衛という論理があるわけですが、実際に拳銃によって人が死ぬ事件を統計的に調べると、自己防衛を一とすれば四十三倍の確率で死因は、自殺、他殺、事故による殺人なのです。

特に、家庭、親戚、顔見知り同士による発砲事件が、いわゆる強盗などの犯罪にからんだ発砲事件より実際に多いという事実は、自己防衛の論理が数字上まったく成り立たないことを物語っています。にもかかわらず、毎年行われるガンコントロール(拳銃所持規制)条例の議会提出は、銃器製造者の激しい陳情活動と宣伝活動、政治献金などによってことごとく失敗に終わってきました。そうするうちに、女性の拳銃所持者は千二百万人に達する勢いで伸びてきています。

女性が拳銃を持ち始めたら、ガンコントロール条例は終りだろうと言われてきました。ガンコントロールの最大の支持者層が女性だったからです。

女性が自ら武装し始める日……。女性の武装が人間社会にどういう影響を及ぼすのか。女性自身にどういう変化をもたらすのか。母性はどう変わって行くのか。男女関係にどういう変化が出てくるのか。こうしたことは年月を経ないとわからないものです。

しかし、ここ十年ほどのアメリカ社会の動きを見てきた私には、この女性が急速に

"Children"

ing in stealth tactics, night rescues and infiltration. "We need to teach these high-school graduates with their football letters from East Cupcake, Neb., a little bit about being streetwise," he barks. From now on, all Marine sentries will carry loaded rifles—one way to possibly avoid a recurrence of the tragic bombing in Beirut where Marines with unloaded weapons watched helplessly as a bomb-loaded car smashed into their compound, killing 241.

Gray has disdain for Marines who jog "in cute little silk shorts." He favors a much tougher approach, conditioning troops by forced marches with backpacks. Training for marathons—which in the case of Washington's annual Marine Corps Marathon has become something of an obsession—is a waste of time, he says. "I'm a hell of a lot more interested in a Marine who can carry a wounded Marine across the battlefield." He is indifferent to spit and polish. "I don't give a shit how you look," he tells enlisted men. "I care how you are." Gray himself feels uncomfortable in dress blues and prefers to be photographed in his camouflage fatigues, or "utilities" as Marines call them. Indeed, mottled brown-green is almost a fetish with Gray. In his office, he drinks coffee from a camouflage-painted canteen cup. His troops gave him a camouflaged pillow for his chair, and at dedication ceremonies for new facilities Marines now use camouflage ribbon.

Painted baseball bat: Wielding a camouflage-painted baseball bat—inscribed "Big Stick"—Gray roams Marine headquarters in Washington armed for combat with the "little old ladies in tennis shoes who stand in the way of progress." He means Pentagon bureaucrats who resist his reforms. To his shock and anger, Marine Corps officials have disregarded some of his orders because they were delivered verbally—not written in quintuplicate.

Just how willing Gray is to bypass the bureaucrats could be seen after his pep talk at Cherry Point. A hulking sergeant beseeched Gray for a waiver of weight restrictions—usually a matter for the bureaucrats—that threatened to force the sergeant from the corps. The commandant promptly dropped to the floor in three-point stance. "You play football?" he demanded. "Gimme a stance." The startled sergeant just gaped. Gray stood up. "You play backfield or line?" he asked. "Backfield," the sergeant replied, recovering his composure. "I can run over a guy your size," he boasted. Gray shot back: "Do it." Discretion prevailed. "No, sir," said the sergeant. Gray asked him how fast he could run a hundred yards. "Ten seconds," claimed the sergeant. "Tell you what," Gray ruled. "You do the hundred in 10.1 and I'll keep you around."

RICHARD SANDZA at Cherry Point, N.C.

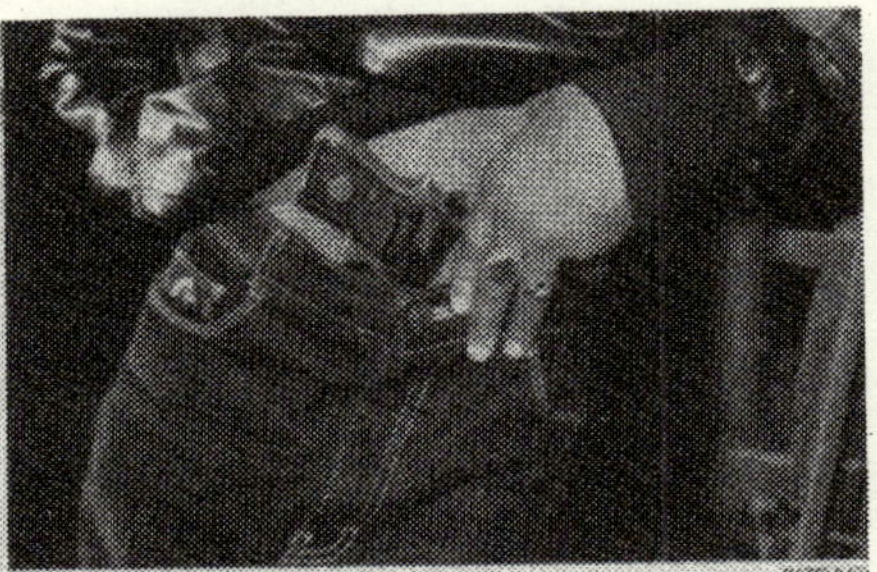

Deadly symbol of status and power: *A 15-year-old from Baltimore and his Beretta*

Kids: Deadly Force

Gunfights are replacing fistfights as firearms become a major problem in the nation's schools

Two weeks before Christmas Day, 17-year-old Kendall Merriweather was shot and killed a few blocks from his high school in southeast Washington, D.C. Police arrested two teenage students who they believe killed Merriweather while trying to steal his "boom box" radio.

A few days earlier in Pasadena, Texas, a 14-year-old eighth grader at Deepwater Junior High School whipped a snub-nosed .38 out of his jacket and held the assistant principal hostage for two hours. Police said the boy was distraught over his parents' recent separation.

Last week late-evening commuters found the bullet-riddled body of 13-year-old Rolando Mattis at an Oakland, Calif., bus stop. Police believe the seventh-grade dropout was a crack dealer and are looking for five suspects—most of them Mattis's age—in connection with the murder.

These were not isolated incidents. All across America, the number of kids using—and being harmed by—guns is rising at an alarming rate. According to the U.S. Department of Justice, more than 27,000 youths between 12 and 15 were handgun victims in 1985 (the most recent figures), up from an average of 16,300 for each of the three previous years. But officials admit that as grim as those statistics are, they grossly underestimate the extent of the problem. In recent years, city streets have become flooded with unregistered and untraceable handguns, available to anyone of any age with a bit of cash. In New York revolvers can be bought on street corners for as little as $25. Some dealers are even willing to "rent" a gun for an evening, deferring payment until the teen can raise money through muggings and robberies. Youth gangs in Los Angeles protect their turf with black-market Uzi submachine guns and Russian-made AK-47 assault rifles, easily financed by the crack trade. Children who live outside urban areas have an even cheaper source of firearms: dad's closet. In California, 50 percent of all households contain a gun. Often, parents don't realize that their .357 magnum or shotgun is missing. "Guns seem to be enjoying a new chic," says handgun expert Garen Wintemute, a Sacramento physician. "The increased prevalence of gun carrying among students is reflective of an increased general interest in guns in this country."

Nowhere is the proliferation of firearms among youths more startling than in city high schools. In Baltimore last spring, newly appointed Circuit Judge Ellen Heller was so shocked at the number of minors charged with gun crimes that she ordered a survey of weapon use among students. The results were even worse than she expected. Of 390 city high schoolers polled, 64 percent said they knew someone who had carried a handgun within the preceding six months; 60 percent knew someone who had been shot, threatened or robbed at gunpoint in their school; almost half of the male respondents admitted to having carried a handgun at least once.

Cities with far fewer gun incidents than

「子どもの喧嘩は、殴り合いから撃ち合いにかわった。」

司法局の最新の調べ（1985年）では、一年間に12歳から15歳の子ども2 万7 千人が拳銃で撃たれている。（NEWSWEEK誌。1988。1・11）

武装し始めているという事実が何とも不気味に感じられるのです。一つ越えてはならない壁を越えようとしているような、その日が人間の歴史の中で持つ意味の大きさを、私は感じます。

ある新聞の記事から

ロサンゼルスのスタジオエンジニアの友人が、ある日こんな新聞記事を持って来てくれました。それは、ある牧師さんが、カンサスシティータイム紙に投稿した文章でした。

「私は、本当に知っておかなければならないことは、全て、幼稚園で学んだと思います。」

「本当に知っておかなければならないこと、どうやって生きていったらいいのか、何をしたらいいのか、どんな人になったらいいのか、そうしたことのほとんどを、私は幼稚園で学んだように思います。知恵と呼ばれるものは、学校という山道のてっぺんにあったのではなく、幼稚園の砂場にあったようなのです。

私が幼稚園で学んだこと。なんでも分けあうこと。ずるをしないで遊ぶこと。人をぶたないこと。使ったものはもとの場所に返すこと。散らかしたら掃除すること。人の物を取らないこと。人に痛い思いをさせたら、謝ること。食べる前には手を洗うこと。あたたかいクッキーと冷たいミルクは、体にいいこと。少し習って、少し考えて、絵を画いて、うたを歌って、毎日遊んで、そして働くこと。午後にはちょっと昼寝をして、世の中に出たら車に気をつけて、手をつなぎ、みんなで一緒に行動すること。根っこは下へ伸び、茎は上へ伸びるけど、どうしてそうなるのか、なぜそうなるのか、実は誰も知らないということ。

金魚も、白ねずみも、植木鉢の中の種も、みんないつかは死んでしまう。私たちもいつかは死んでしまう。

もしも、世界中の人々が、みな毎日必ず、三時になるとクッキーを食べてミルクを飲むんだとしたら、なんて素敵なんだろう。もしも、世界中のあらゆる国の外交政策が、なんでも分け合い、使った物はもとの場所に返し、散らかしたら掃除をすることだったらなんて素敵なんだろう。そして、大人になっても大切なことは、みんなで手をつなぎ一緒に行動することなんです。」

アメリカにも、知的で、思慮深く、世の中をしっかり見ている人たちがたくさんいます。そういう人たちも、一生懸命発言しています。けれども、社会全体はそういう人たちの声が届かないところで、どんどん動いて行きます。アメリカで、一人の老人が言いました。

「わしが子どもだった頃は学校なんてものは無かった……。」

おわりに

今、私たちは急速に動く大きな流れの中にいます。それは、たぶん野性のサルに餌付けをしたとき、群全体の生態が変わってしまったり、動物園の動物が、母性を失ってしまったりすることに似た種類のものです。私たちはかつて経験したことのない、人間という一つの種の生態を根本から揺がすような時代に入っているのです。親が子を育てるという、種を維持するための基本的な習性が薄れたとき、人間は少しずつ狂いだしました。ここ十年ほどのアメリカ社会におけるあまりにも急激な変化は、それをはっきりと物語っています。

ニューヨークのブロンクス地区では年間に五万人以上の犯罪者が逮捕され、これは二年間に三十二%増という数字です。九千件が実際に起訴されますが、年間に裁判所が扱える件数は五百五十件でしかなく、九十%の犯罪者が司法取り引で罪を認めることによって裏口から釈放されていきます。全米で六十万人と言われる囚人の数は既に八年前の二倍で、毎週二つの刑務所を増設しなければならないという現実。監獄を一部屋造るのに八万五千ドルかかり、一人の囚人を三十年間入れておくには百二十万ドルの税金が必要です。

こうした数字は、州財政を破産に追い込もうとしています。犯罪の質はますます残虐性を増してゆき、人間が人間性を失いつつある社会の中で、システムは今やパンク寸前です。これはもはや海の向こうの話では片づけられない問題です。

奇妙な事件がポツリポツリと起き、ある年、突然そうした事件が一気に増加する。それが起こってからでは遅いのです。

学校や幼稚園・保育園の先生が、親たちともう一度教育について、子育てについて、立場を確認しあうことが大切です。学校は親たちにその役割を返し、学校に子育てを依存することの危険性を語り、親が親として育ってゆくことを基盤にして、社会全体が家庭を本来の姿に戻すべく努力していかなければなりません。

子どもたちの問題は、その結果が現実となってあらわれるのが十年後二十年後であるだけに、的確な素早い対応が必要なのです。今、企業のトップにいる人たちが、自分たちが育った時代を基準にものを考えていたとしたら大変なことになります。ここ三十年間の社会の変化は、少し異常なのです。

人々が、昔のように、子育てに充実感や人生の喜びを見出したら、確かに企業の儲けは少し減るでしょう。家庭を犠牲にしてまで残業をする社員も幾人か減るかもしれません。でも個人個人が、自分が儲けることばかり考えて生きるようになってしまったアメリカ社会が、どういう状況になっているかを見れば、少しくらい儲けが減っても、住み良い社会を守るほうが良いにきまっています。

企業が社会全体のことを考え、真剣に取り組めば、日本の場合まだ流れをくい止めることは出来ると思います。広告代理店で、若者のためのイベントやCMを制作している人たち、若者の心理を研究、把握している人たちの集団が、中学・高校の家庭科の授業を魅力的にするために知恵をしぼるだけで、社会はずいぶん変わるでしょう。

幼稚園・保育園の園長先生で構成された賢人会議が、文部省でしっかりとした発言権を持ったら、学校にも必ず良い影響が出てくるはずです。早期教育において、「頭の良い子に育てるには」という出版物を、「気立ての良い子に育てるには」という内容に変えてゆくのは出版社、マスコミの役割です。初めに動くとすれば企業です。そこが動かない限り、社会が変わっていかないのが資本主義社会というものでしょう。方法はいくらでもあります。しかし、時間は残り少なくなってきています。

(私はアメリカで仕事をしています。友人たちのほとんどがアメリカ人です。私はアメリカの良い所を沢山知っていて、そこで仕事をするのが好きです。私の造る音楽を、より素直に受け入れ理解し、応援してくれるのも、素朴なアメリカの聴衆です。私は音楽という分野を通してアメリカの人たちといつもコミュニケーションしています。

素晴らしい仲間の輪がどんどん広がりつつあります。いつかそのうち音楽だけではなく、文章や映像を通しても発言できるようになり、アメリカ社会の役に立ちたいと思っています。）

あとがき

アメリカにおける犯罪、教育の問題を中心に、私が資料を集め始めたのは、今から十年くらい前のことです。テレビのドキュメンタリー番組を録画した五百時間近いテープ、百冊ほどのタイムマガジンと新聞の切り抜きが、資料としてたまりました。

「発言してみれば」と、初めに言ってくれたのが菅野冬樹氏で、ビデオというかたちになりました。それをきっかけに講演を依頼されるようになり、日本の情況も少しずつ見えるようになりました。「文章にしたら」と、言ってくれたのは、保育誌『げ・ん・き』の編集をしている新開英二氏でした。しかしこれを私に書かせたのは、アメリカで苦しんでいる子どもたち、そして敗北感と共に教職を去っていく先生たちの涙と怒りだったと思います。

（書いている途中、地方の新聞と幼稚園の園頼りに原稿を依頼されました。私はこの本の原稿を一部そのまま使ってもらいました。それをきっかけに出版社の御好意により、この本に書かれている文章は、自由に転載してもよいことになりました。新聞、雑誌、ＰＴＡの会報など幅広く使っていただければ幸いです。）

第2部　十五年後～もう時間がない～

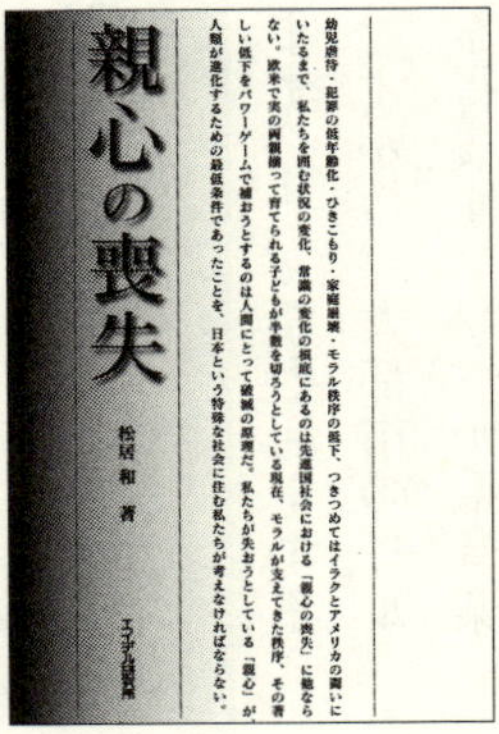

親心の喪失
幼児虐待・犯罪の低年齢化・ひきこもり・家庭崩壊・モラル秩序の低下、つきつめてはイラクとアメリカの闘いにいたるまで、私たちを囲む状況の変化、常識の変化の根底にあるのは先進国社会における「親心の喪失」に他ならない。欧米で実の両親揃って育てられる子どもが半数を切ろうとしている現在、モラルが支えてきた秩序、その著しい低下をパワーゲームで補おうとするのは人間にとって破滅の原理だ。私たちが失おうとしている「親心」が、人類が進化するための最低条件であったことを、日本という特殊な社会に住む私たちが考えなければならない。
松居和 著
エイデル研究所

アメリカインディアンが白人に征服される過程と、日本における「女性の社会進出」

夫婦で毎年六十ケ所くらい、公演でアメリカ大陸をまわります。そんな生活をするようになって十五年になります。音楽のジャンルがジャズ系ですから、大都市のビルの陰から山中の湖のほとりまで、様々な場所で演奏する機会を得ます。ソウル系音楽の聖地ハーレムのアポロ劇場の楽屋裏では、バットを握った屈強な黒人ボディーガードが私たちの警護をしてくれました。見上げるような観客席が峡谷のようなロサンゼルスのハリウッドボール。キャピタルジャズフェスティバルが行われるワシントンDCのフットボールスタジアム。時には船の上ということもありました。

野外、山の中で行われるコンサートがあると、私は、音楽という儀式をしながら、意識的に大地から何かを感じようと試みます。何千年もの間この大陸に住んでいたアメリカインディアンたちの魂が、そこに居るのではないかという気がするからです。

私の人生の節目節目で、インディアンたちは偶然のように登場しては、無言のアドバイスをくれます。ふと目について読み始めた本だったり、飛行機の中で見た映画だったり、薦められて聴いた音楽だったりいろいろですが、彼らが私の人生を、付かず離れず見守っているような気がします。

『レジェンド　オブ　ザ　フォール』『サンダー　ハート』という二本のハリウッ

ド映画のサウンドトラックで、私の尺八の音は大地に漂うアメリカインディアンたちの魂の役割を演じました。それが音として何百万人、何千万人の人たちの耳に達したのですから、やはり因縁はあるのだと思います。『レジェンド　オブ　ザ　フォール』は、ブラッド・ピット主演の冒険映画で、真面目な作品ですので、ぜひご覧になって下さい。私の言っていることを感覚的に理解していただけると思います。

私の書く文章や講演の中身に嗅ぎとることができる、アメリカ型パワーゲームに対する嫌悪感は、ひょっとすると私が前世に彼らの一員として体験したことに原因があるのではないだろうか、と思うことがあります。この「前世」という考え方に確信が持てるわけではないのですが、そんな説明が好きだ、と感じることがあります。

いま日本社会を巻き込もうとしている、欧米資本主義型の幸福論、「女性の社会進出」「自立」「自己実現」「権利」などという言葉に代表される、パワーゲーム、マネーゲームへの参加者を増やそうという巨大な動きは、アメリカ建国史・開拓史において、アメリカインディアンが征服されていった過程とその手法が似通っています。

競争に参加できることが「権利」であり、勝つことが目標であるように思わせる。親であることの反対側にある、競争に勝利することに幸福感を見出すように人々を仕向けるこの巨大な動きは、実は、強者たちがより強者になろうとする、一握りの金持ちがより大金持ちになろうとする「欲」の現れでしかありません。この「強者の欲」が国境を越えて広がろうとしているのが、最近言われるグローバリズムです。この次元で「権利」は「利権」でしかありません。

大自然の中で、子育てと祈りを中心に暮らしていた、経済的野心を持たないインディアンたちを、西洋人は「未開の人」「不幸な人たち」と決めました。そう決めて道義的に自分たちの行動を正当化したのです。キリスト教を信じない者は不幸だ、という宗教的な狭い幸福論が下地にあります。

手始めに西洋人はインディアンたちに、「土地に対する権利」を与えます。土地の所有権を押しつけることによって、個人の欲を育てようとしたのです。

「個人の欲」を資本主義形成のエネルギーにしようとしたアダム・スミスの『国富論』をインディアンたちに当てはめようとしたわけです。欲をかきたて、失敗する人間を生まないと、金持ちは大金持ちになれないのです。

次に、経済競争にインディアンたち引き入れる方法の一つとして、「教育」を使います。ここに「学校」が幸福論の方向をパワーゲームに向ける役割が垣間見えます。

（このとき始まったインディアンの子どもを強制的に親から離し教育する寄宿制の「学校」は、やがて奴隷育成の収容所に変化していきます。）

部族で大地を共有し、必要以上の欲を持たず、精神的に満ち足りた生活を送ってきたインディアンたちには、所有、権利という概念に基づく幸福論は不思議に映りました。欧州人たちに無理矢理与えられた土地の権利を、次々に買い取られていったときにも、彼らは抵抗しませんでした。

土地や財力、知識、権利という概念さえも持っていない人たちに、「お前たちは不幸だ」という感覚を植えつけ、闘わせようとする、「資本主義における強者に有利な幸福論」は、インディアンの「自然の中であるがままでいようとする幸福観」から見ると、馬鹿げたものに映ったのです。

この幸福観の違いが、アメリカインディアンの大虐殺につながってゆくのですが、七月四日、アメリカの独立記念日は、インディアン側からはいまでも『侵略記念日』と呼ばれています。

日本で使われている「女性の社会進出」という言葉も、いままでどちらかと言えば競争とは無縁に、自然に生きてきた人たちに、「あなたたちは不幸だ」という感覚を植えつけ、パワーゲーム・マネーゲームに誘い込もうとする欧米型「強者の策略」です。

そして、生半可「学校教育」を受けていますから、自分でよく考えれば「経済競争への参加」でしかない「社会進出」という言葉を、「権利」として受け入れてしまうのです。「権利」を得ても人間は幸福になどなれないのに……。

日本のように一応男女の区別なく投票できる国では、「権利」「人権」という言葉はすでにパワーゲームにおける闘争の道具にすぎません。「学問」もそれに近いのですが、武器や道具を身につけると人々は競争に駆り立てられ、疑心暗鬼になり、心が離ればなれになってゆくのです。道具や武器を持つと使ってみたくなる。ここに教育の最大の落とし穴があります。

大学に行って学問をすると知識を持ったという錯覚に頼り、自分でものを考えなくなります。ですから、よく考えれば不幸に結びつくことがわかる「自立」という言葉を人生の目標にしてしまうのです。禅宗の坊さんでもひっくり返りそうな「自己実現」などという言葉を簡単に理解した気になってしまうのです。

「自由」という言葉も、「自立」という言葉も、「社会進出」という言葉も、「自己実現」という言葉も、子どもを産めば失う種類のものばかりです。

子どもを産めば失いがちなものに本当の幸福感が宿ると思いますか?

もしそうなら人類は成り立たないでしょう。

「子育て」が障害になる幸福感を求める人たちが一握りいたっていいのでしょう。それも人類の進化にとって必要な要素かも知れない。でも、ほとんどの人間たちが、

「子育て」が土台になる幸福感を求めなければ、人類は早々に滅んでしまうのです。この「子育て」に幸福を感じるほとんどの人が「土壌」とならなければ、人間は健全に進化できないし、「子育てとは相容れないもの」に幸福を感じる人たちでさえ、健全に存在できません。

アメリカＣＮＮの調査

三十六％の高校生、三十一％の中学生が、学校は危険なところだと思う。二十％の男子高校生が、学校に武器を持って来たことがある。酔っぱらって学校へ来たことがある。
高校生の四十％が、すぐに拳銃を手に入れることができる、と言う。

これに人種差別、奴隷制度を背景にした、絶対的パワーゲームの土壌がからむのです。
お金や地位で計れるパワーゲームの勝者はほぼ二～三割に過ぎません。子育てという優しさの土台が崩れたとき、非論理的で理不尽なパワーゲームの物指しが復活してきます。非論理的で理不尽なパワーゲームが実行に移される瞬間が、キレルことであり、銃の乱射事件や幼児虐待なのです。

大酋長ジョセフの言葉

私の好きな酋長の一人にジョセフという人がいます。十九世紀の後半に生きた指導者です。私は家内と、彼が眠る墓が向こう側にあるという氷河湖の前で演奏したことがあります。

彼が白人から学校を作ることを薦められたときの話です。


ジョセフは、白人の学校などいらないと答えた。

「なぜ学校はいらないのか？」と委員がたずねた。

「教会をつくれなどと教えるからだ」とジョセフは答えた。

「教会はいらないのか？」

「いらない。教会など欲しくない」

「なぜ教会がいらないのか？」

「彼らは神のことで口論せよと教える。われわれはそんなことを学びたくない。われわれとて時には地上のことで人と争うこともあるが、神について口論したくはない。われわれはそんなことを学びたくないのだ」

（『我が魂を聖地に埋めよ』ブラウン著　草思社より）

私は彼のこの言葉から多くのことを学びます。今の学校が抱える問題。親たちに親心が育たなくなった状況。世界各地で起こっている紛争、宗教戦争。その原因が、学校の普及、知識を身に付けることによって自ら人間たちが考えることをやめ、知識に支配され、祈ることをやめることにあるのだと百年前に看破したジョセフ酋長の慧眼に胸迫るものを感じるのです。

こういう啓示を私たちはちゃんと天から与えられている。それに気づかなくなるのもまた学問が競争社会の武器、闘う道具に成り下がってしまっているからなのでしょう。

啓示はすでに十分にされた。それを見抜く心が曇ってきているだけのことなのです。

進む道はすでに示された。進む決意が必要なだけなのです。

ジョセフが私に示した啓示を、保育者は毎日のように幼児たちから与えられているはず。それを見抜くこと。そして決意する意志が「いい人生」につながります。

大酋長ジョセフ

竹村先生からの手紙

前略ごめん下さい。

今、電話を切ったところです。私は声を痛めていることとまわりに大勢課員がいて「松居」さんということで聞き耳を立てているので少し控え目トーンでした。それでご心配をかけてしまった様です。元気です。

仕事（注：保育所長）を辞めて三年目になりますが、現職の時より一層忙しくなり、当時より三倍くらい忙しい毎日です。

保育所の管理指導、家庭児童相談員、子育て交流室に集う親子の支援。この三つを受け持っています。特に子育て支援の仕事や相談が多いです。

さて、今頃は厚生労働省でお堅い人を相手にもう講演中でしょうか。私たち児童福祉課の仕事はすべてそこからのお達しで業務しています。いまは県も、子ども家庭課と名がやわらかくなり、一般の人たちにも親しまれるひびきです。

和さんの言葉の中で、母（父）と子を引き離さない……、という言葉がとても印象深いです。すぐにこの頃は虐待とかいう言葉で親子の姿がとらえられ、関係がますます悪くなりがちです。昔はよく叱られたのになあと、なつかしく私などは思うし、母や父が亡くなるまで、ずーっと、こわい人でした。

相談の中で、いまの若い母たちが、子どもに注意する一声が虐待につながっているのではと悩んでいます。「そうじゃない」と言いながら、励まし、私の幼いときのことなど聞かせます。

「ケース会議」とかに出ると、みんなといっていい程問題視して、ああだこうだと批評します。

私は、このお母さんはえらい！　子どもに食べさせている玉子焼きを見ればわかる、と訪問したときのことを喋ります。暇を見つけて編物をしているお母さんの姿をほめます。そのうち、みんなの表情が変わってきます。

こんな話は、やっぱり和さんと逢って喋りたいです。（時間切れ）

虐待の定義

福祉がどこで強制的に親子を引き離すか、これは非常に難しい問題であって、祈りをともなわなければならない決断です。

私が、保育という福祉の一つの形が親子や家庭の人間関係に悪い影響を与えることを心配するのも、行政が子どもを親から取りあげなければならない情況が頻繁に起こっている欧米で、虐待の基準がとても曖昧なのを見ているからです。一つひとつのケースがまったく違う人間関係の中で起こっていることを忘れ、学者が何かを定義しなければ前に進めない情況を、システムが自ら作り出している。そして、法律が神に似た役割を果たさなければならなくなったとき、人間社会は祈りでは修復できない苦しみの時代を迎えるのです。

最近、日本でも欧米の影響を受け、虐待の定義が学問的・法律的になり過ぎていきます（言葉遊びの領域に入ってきたということです。心理学者に人間の心のことはわからない）。文化も土壌も違う欧米の虐待の実態、研究発表や資料、対応策を日本の学者やマスコミがしたり顔で日本に持ち込むからおかしなことになる。欧米コンプレックスが根底にある、うわべだけの報道や研究発表によって、真面目な日本の親たちが自分自身を見失って怯えている。学者やマスコミの言葉遊びが「子育て」に恐怖感をまき散らしているのです。親たちが良い親になろうとすることはいい。しかし、自分の人間性に自信を失って、自分を疑い始めている。

子育てに大切なのは母親の精神的健康です。母親が自分の母性を疑い始めて子育てにいいわけがない。

（母性という言葉を毛嫌いする女性学学者がテレビで堂々と発言したりするのですから、こういう情況が生まれても不思議はありませんが、子どもたちはたまりません。）

「虐待という言葉で親子の姿がとらえられ、関係がますます悪くなりがちです」という竹村先生の言葉はこうした実態を指摘しています。

毎日まあまあ食べさせて、子どもが怪我をしたら心配しオロオロする、その程度で親の資格は充分あるわけです。親心は育っていくわけです。

趣味の問題として、優しい親が多いほうがいいと、私も思います。でも、子どもに厳しい親、子どもを時々怒鳴ってしまう親は、いつの時代にもいたはず。子育ての方法、人格形成の手法など、ありもしないこと、できもしないことを、学者が偉そうに言うから親が不安になり、自然に親であることができなくなってくるのです。保育者も不安になり、自然に保育者であることができなくなってくるのです。

こうした不安の相乗効果が虐待の増加に拍車をかけることは、欧米の家庭崩壊を見れば明らかです。心理学者や学問を背景にしたカウンセラーが普及して人間関係が良くなった国など、地球上にひとつもないのです。体験に基づかない言葉を「権威」として受け入れてはいけません。

竹村先生の玉子焼きをものさしにできる心。これが保育者の心です。体験に基づいたカウンセラーの目です。親心というものは、玉子焼きで測るものなのです。

母親に安心感や自信を持たせたほうがよほど虐待は少なくなる。

左から、奈良の師匠竹村先生。私。学校の素晴らしさを説き続けて討ち死にしていった同志中村諭先生。百マス計算の陰山先生。いつか４人とも居なくなります。

「言葉の暴力」、という欧米の学者が二十年ほど前につくりだした曖昧な定義を今頃振り回して、しかもそこに「子どもの人権」という、ますます不明瞭な言葉を組み合わせて、いかにも自分が正義を知っているかのように言う連中が日本にも出てきている。

日本という世界一安全で、先進国の中では一番「親らしさ」が社会に残っている国で、そんなことは言わなくてもいいのです。「子どもの人権」という言葉を本当に使わなければならなくなったら、社会はすでにお終いなのです。親らしさ、親心というものは、こういう言葉や法律で押しつけられるものではありません。安定した時間を幼児と過ごすことで、自然に湧き出てくるものです。

親の人権、親の人生、親の自己実現、男女共同参画社会、体験に基づかない馬鹿げた言葉を使って、福祉で親子を引き離しておいて、一方では「子どもの人権」「言葉の暴力」と言って正義漢ぶる。そうこうしているうちに、確実に虐待が増え続け、子どもの生命を守るために、親子を引き離さざるをえない情況が生まれてくる。

親がカッとして子どもを怒鳴るくらいですんでいれば、「言葉の暴力」なんて言わなくていい。

確かに最近母親たちの前で講演したあと、「子どもを叩いてしまうのですが」という質問を頻繁に受けます。私の講演に来る母親は、講演会に参加するくらいですから、良い親になろうとしている親がほとんどで、顔を見ていてそんなに問題があるとは思えません。しかし、稀に子どもが三歳にもならないのに叩いてしまう、という母親がいます。親が以前より短気になっている。不満と不安の蓄積が親たちの顔に見えます。講演を聞きに来る親でさえそうです。

まだ、コミュニケーションがうまくとれない、言葉足らずの幼児に手を出してしまうのは、明らかに忍耐力不足です。我慢が足りません。

そういう親には、絶対に叩いてはいけない、それで子どもが必ずおかしくなるわけではないけれども、「三歳以下の子どもを叩く親は人間として失格です」。「子どもが短気な親になったら幸せになれませんよ」と脅します。先進国社会で親による幼児虐待は増加の一途をたどっています。こういう時代だから、私は少々乱暴でも、そのように言い切ってしまうのです。

「どうしたらいいですか？」とたずねる母親に、「園に来て二、三日過ごして下さい、必ず叩かなくなりますから」と諭します。「周りに優しそうな友達を作って見習えばいいんです」と助言します。

一日先生

大阪の東百舌鳥幼稚園の樋口園長先生から手紙が来ました。

「母親を一日先生として副担任につけるようになって二年ほどになります。各組一名で順番です。これは母親（最近は父親の参加も一割）のためにも、園の職員のためにも非情によいと考えています。毎回感想をとり、園だよりに一部掲載します。」

【親たちの感想文】

＊ 家でわが子だけをガミガミおこっている母よりも、みんなと一緒にニコニコしている母をみている娘もうれしそうでした。

＊ お作法の時間に何をしているのかまったく知りませんでした。今日、子どもたちが歩き方、あいさつの仕方、座布団の座り方をしているのを見て、大人の私でさえ知らない、日本人の姿というのを見せてもらって、すごくよかったです。

＊ ふだん家で見ることのない、わが子の姿も見ることができ、一日先生はすばらしいアイディアだと思います。

まだ始めて二年目の「一日先生」は親たちにも人気があって、夫婦で、私が行く、僕が行く、ともめる親までいるそうです。会社を休んでまで幼稚園に行こうとする父親がいる日本の土壌が私は嬉しい。

送られてきた『あすなろ通信』という園便りを読むと、園長先生のきめの細かい心配りが感じられます。しかも、それが子どもたちばかりでなく、親たちにも向いているのです。日本中の幼稚園・保育園で、「一日先生」が義務づけられたら、幼児虐待や家庭崩壊は半減すると思います。

幼児を眺めることで、人間の善性が引き出される。他の子どもたちに混じっている自分の子どもを見ることで、自分自身が見えてくる。自分の存在価値もわかってくる。すると人間の心が大きくなります。

私はいままで書いた本の中で、幼児の集団に出会わせることで「親育て」をしている園長先生たちの実践例をいくつも書きました。幼児の集団は人間を育てる魔法の集団なのです。

虐待されている子どもをどうするかも大切です。でも、虐待が起こりにくい環境を作っていくことの方が、もっと大切です。親心を耕すことが園に与えられた宿命なのです。

一つの園でできることが、一つの国のすべての園でできないはずはない。それができて、結果にあらわれるとき、一つの国でできたことが人類全体に広がるのだ、と思って、私は園長先生たちの伝令役を続けるのです。

いい手紙

ご無沙汰しております。昨年、名古屋の幼稚園でお話を聞かせていただいた者です。社宅に住んでいて乳離れをしていない男の子の母親です。覚えていらっしゃいますか？　昨年の十二月にマイホームを購入して名古屋に永住することになりました。新しい家は幼稚園の近くに建てました。親の都合で幼稚園を変えてしまうのが嫌だったのと、お友達と別れるのが辛かったので主人にワガママを言ってしまいました。

息子は年中さんになりました。年中さんになってから乳離れもできました。同じクラスには園長先生の息子さんがいます。

本日、息子が五歳のお誕生日を迎えました。そして私も母になって五年が経ちました。

私は時々、松居先生の『げ・ん・き』を拝見させていただいております。私のメールがあって驚きました。

松居先生……、「言葉の虐待」って知っていますか？　子どもと大人の世界の中で

「言葉の虐待」があるのです。園の先生からではありません!!　同じ園に通う園児の母親たちからです。

「あの子は問題児」「あの子は園に目をつけられている」など様々です。

子どもを大人のモノサシで測り「あの子は良い子。あの子は悪い子」

この世に生まれてきてたった五年です。モノサシで測ったって違いなんかない!!

今日、私は……、悲しい言葉を耳にしてしまいました。

「○○ちゃんは乱暴だけれど、○○ちゃんと遊ばせていると優越感があるの!!」

「あ〜私の子より悪い子はいるんだな〜って。だから我が子がやられているのを見ても不思議と腹が立たないんだよね!!」

信じられますか?「自分の子どもが問題児と言われるより、やられてる被害者の方がよい」と言うのです……。

子育てって時々わからなくなるときがあります。息子を見ていると、私の子どもの頃に良く似ています。人見知りをしないで元気。泣き虫でわがまま。子どもって自分の鏡ですね。子育てに迷うと、子どもと向き合おうと考えます。私の心の鏡のクモリをピカピカに磨いて子どもに向き合おうと思います。

私は最近、自分で会社を設立しました。売上金の一部はボランティアに使う予定です。夢は息子と一緒に老人ホームの訪問です。前向きに……、前向きに生きていこうと思います。

私の返信

お手紙ありがとうございます。

ちょっと気になった部分に関して、私の意見を書いてみます。


【お手紙】松居先生……「言葉の虐待」て知っていますか？

【返　信】知ってます。最近の学者たちが作った間抜けな言葉です。私はこの言葉が嫌いです。

【お手紙】子どもと大人の世界の中で「言葉の虐待」があるのです。

【返　信】こんなものは大昔からあります。わざわざ学者が名前をつけるから、親がびくびくするのです。

【お手紙】園の先生からではありません!!　同じ園に通う園児の母親たちからです。「あの子は問題児」「あの子は園に目をつけられてる」など様々です。

【返　信】これは言葉の虐待ではなくて、よくある世間話です。世間話は精神の安定にまあまあよいのです。こういう話をしながら友だちを作り、その人間関係の中で少しずつ育ちあう。その人間関係の中で、何かあったら助け合う。そこが大切です。学者が「人間たちの普通の行動」に妙な名前をつけることの弊害は、時に、それが何か特殊な社会現象、病気、精神的異常、罪悪のような気がして、大した問題でもないことを自分で学者の真似をして分析し、腹を立てたり、心配したり、思い悩んだりする人が増えることなのです。

幼児の親は、人間としてまだよく育っていないので、この程度のことを言うのはまあまあ普通です。もしあなたが、人間社会のために、この親たちを成長させようと本気で思うなら、「そういう言い方はしないほうがいいんじゃない。何か原因があるのだったら、その子のお母さんとお話ししましょうよ」と言って下さい。そこまで言うことができれば本物です。あなたがそういう芯のある人間になることが、「売上金の一部はボランティアに使う予定」よりも地球にははるかに大切なのです。陰でその親たちのことを批判的な目で眺めているだけなら、その親たちとあまり変わりません。五十歩百歩です。つけ加えますと、私はこの「ボランティア」という言葉が嫌いです。そのことに関しては詳しく本に書きました。

【お手紙】子どもを大人のモノサシで計り「あの子は良い子。あの子は悪い子」。この世に生まれて来て、たった五年です。モノサシで測ったたって違いなんかない!!

【返　信】違いは絶対にあります。それが見えないとすると、妙な平等主義、偽善的な教育論に相当洗脳されています。ちょっと気をつけた方がよいかも知れない。子どもを大人のモノサシで計らなかったら、子育ては成り立ちません。計って子どもがどう育つかは別です。親子関係の組み合わせ、「運命」です。しかし、大人がなんらかの具体的モノサシを持とうとすることで、大人が親らしくなっていくのです。「良い子、悪い子」という感覚を親が失ったら、日本も犯罪国家になってしまいます。「良い子」に育てたいと、親が思うこと。その「良い子」の定義を自分の趣味で勝手に考えること。そうやって、親が育ってゆくのです。これは社会の安全のために絶対に必要です。

【お手紙】今日、私は……、悲しい言葉を耳にしてしまいました。
「○○ちゃんは乱暴だけれど、○○ちゃんと遊ばせていると優越感があるの

!!」。「あ〜私の子より悪い子はいるんだな〜って。だから我が子がやられているのを見ても不思議と腹が立たないんだよね!!」

【返　信】

もう一度言いますが、悲しい言葉を耳にしたのなら、「その言葉は私にとって悲しい」とその人に伝えること。そのやりとり、親身な関係がなければ人間社会は良い方向に進みません。もちろんそこまで言える人は少ないでしょう。でも、その少ない人に誰かがならないとまずいのです。この手紙を私に送ってきたということは、あなたがその少ない人になるように選ばれたのかも知れない。ガンジーやキング牧師は言ったのです。「その言葉は私にとって悲しい」と。彼らの状況に比べれば、私たちの日常ははるかに平和で楽でしょう?

「○○ちゃんと遊ばせていると優越感があるの!!」、これは親として普通の感覚です。親らしさの一面です。「我が子がやられているのを見ても不思議と腹が立たないんだよね!!」、これは異常な感覚です。問題です。自分の思いが子どもの思いより優先しているのです。自分の幸福感が子どもの幸福感より優先しているのです。幸福感の基準が、自分の思い四割、子どもの思い六割くらいのバランスに育って、まあまあの親ではないでしょうか。

ただし、おかしなバランスの親が室町時代にもいたということは覚えていて下さい。こういう親がいなくなることはありません。それが、異常に増えるのが問題なのです。

「息子と一緒に老人ホームの訪問」なんかを夢にしないで、身近な変な親を、人類のため、息子のために、心配してやって下さい。

松居

母親の返信

お返事有難うございました。

今まで、私にここまで言ってくださった方はいませんでした。

「世間話」から私は逃げていました。

「そういう言い方はしないほうがいいんじゃない。何か原因があるのだったら、その子のお母さんとお話しましょうよ」。「その言葉は私にとって悲しい」とその人に伝えること。

言える勇気がありませんでした。お恥ずかしいです。

なんで言えないのでしょうか？「うんうん」と聞いている私も悪かったです。

「息子と一緒に老人ホームの訪問」なんかを夢にしないで、身近な変な親を、人類のため、息子のために、心配してやって下さい。

そうですね。自分の目の前の現実の方が大切ですね。

先生からのお返事で背中をポンッと押していただいた気がします。

有難うございました。

私の返信２

≪言える勇気がありませんでした。お恥ずかしいです。

なんで言えないのでしょうか？≫

　それはね、ほとんどの人が言えないのです。私も色々理屈をつけて、無理矢理自分の背中を押すのです。

言えないことは、べつに悪いことではないのです。トラブルに巻き込まれたくないのです。そう言うと無責任で悪いことに思えるでしょう。でもこれは、「平和を愛すること」でもあるのです。そういう気質は地球に必要です。

ここまで来ると問題は、大きな平和、小さな平和、という次元の問題になってくるのです。そして、みんなの「生き方」の問題になってくるのです。すると、今度はどれくらいの割合いの人が、どんな「生き方」をするのか、という話になってきます。

そこで、問題や視点がごちゃごちゃしてきた時に、私が基準として使うのが、どれだけ長く、どれだけたくさんの親が、自分の子どもとかかわる社会か、ということです。なぜなら、子どもが大人の「生き方」を育てるからです。

松居

国の形、社会の仕組み

秋のツアーはシンガポールから始まりました。

初めての国でした。着陸前ガムを持ち込まないで下さい、という機内のアナウンスから始まった私のシンガポール体験は中々興味深いものになりました。

国が変われば仕組みも変わる。子育てに正解がない、家庭のあり方が千差万別であるように、社会システムのあり方にもまた正解はなく、その違い、変化は、その国の歴史や地理的状況を反映した運命的なものなのだ、とあらためて感じました。

音楽ビジネスで出会った人たち、コンサートの聴衆、テレビ局での取材といった面では違和感はなかったのです。しかし、学校や法律といった国の仕組み、ということになるとシンガポールはなかなか個性的な国で勉強になりました。観光では見えてこない、その国の人たちの日々の生活に直接関わる仕組みが、どのような理由で誰によって決められるのか。我々の生きている時代は、その変化の速度が速いだけに、それぞれの国のあり方が人類にとっての実験であり、試行錯誤、選択肢なのだと思います。

徴兵が二十歳を境に二年半、その後も四十歳まで毎年一ヶ月、すべての男性に課せられ逃れることができない義務です。体力的に一番元気な時期、人生においてまさにこれから何かを始めようという時期に、これだけの期間を拘束される意味は軽くないと思います。もし自分がこの国に生まれていたら、果たして納得できただろうか、と思います。

私が徴兵のある国へ行ってまずイメージするのは、国中のほとんどの男たちが銃の撃ち方を知っているということです。そして強制的に団体生活を体験させられ、訓練に耐えるだけの忍耐力を身につけている。秩序を重んじる生活を強制的に体験させられている、ということです。

兵役はもちろん戦争の準備、人を殺すための訓練であるわけですが、これを別の側面、例えば、子育て、家庭崩壊、犯罪率、といった面から考えてみましょう。

以前から「徴兵」「兵役」がある国とない国では、家庭の問題を考える上で区別して考えなければいけないと思っていました。子育てする親側に求められる資質として、忍耐力、秩序、運命を受け入れる体験は大切だからです。徴兵が良いとは言いません。しかし、その仕組みが人間社会に秩序をもたらし、親子関係に具体性を持たせる役割を果たすであろうこと、そして、その機能は義務教育と似通った側面があることは否定できません。

もう一つ、敵の存在を想定して結束する。心を一つにする、ということが、文化人類学的に考えて、子育ての理念、家庭の存在意義と重なってくるのです。

類人猿やネアンデルタール人などを研究する古人類学では、男は狩りに出、女は子どもを育てるという労働の分業化が行われるようになって家族という概念は生まれた、と考えられています。

日本における戦前の軍国主義が、家庭という観点から見ると、天皇を親に見立て国家を一家と考えるという点で、家族の絆に貢献していたであろうことは容易に想像がつきます。この全体主義的な体験の反動から来る、民主主義、自由、自立という考え方が、いま日本に欧米型家庭崩壊を招こうとしているわけですから、やはり、これはバランスということを考えないといけない。全体主義や軍国主義は良くないけれど、なぜ人間社会がそういう方向にひかれることがあるのか。そして、民主主義が個人主義にまでいくと家庭崩壊が始まる、という両極を見極める必要があるということです。

軍隊生活で忍耐力は育っても、拳銃の撃ち方や空手など闘い方を兵役中に習えば家庭内暴力に走る原因にもなりかねない。物事はそう単純ではないのです。すべてがバランス、落とし所の問題です。徴兵はするけれども、戦闘技術を教えるのではなくテニスを教えるとか、もっと役に立たない連立方程式や微分積分を教えるとか、そんなのがいいのかもしれません。ここまでくると、概念としては寄宿学校が一番近いかもしれない。

シンガポール的バランスの中で、学校は小学校から成績別に区分けされ、毎学期の試験を経て、最後に生き残ったトップ五％のエリートが政府に高給で雇われます。国民全員が株の配当のような権利を持っていて、国の経済がうまくいくと、それに合わせてお金が支給されるそうです。

国というより経営陣が強権を握るシンガポール株式会社といった感じでしょうか。貿易や観光を柱にした、人間が資源の国ですから、女性はほぼ全員働いていて重要な社員です。それでも欧米並に家庭崩壊していないのは、文化的なものでしょうか、男たちが兵役を体験して忍耐力をつけているからでしょうか。それとも、ガムを噛むことさえ法律で禁止する政府のやり方に馴れ、運命を受け入れる能力が発達したせいでしょうか。

こういう複雑にからみあった要素が、人間社会の基本となる家庭のあり方、家族の絆に影響を及ぼし、バランスを保っている。音楽や講演でこれほど忙しくなかったら、この国の分析にもっと時間をかけてみたいと思いました。日本の社会に役立つヒントが数多く眠っているような気がします。

民族・宗教的に見ると、中国系仏教徒が六割、マレー系回教徒が三割、インド系ヒンズー教徒が一割という他民族国家。東南アジアは割合こそ異なるものの、こうした多民族多宗教国家が多いのです。ですからどの国も民族紛争、宗教戦争の火種を抱えています。それに対する細心の注意でもあるのでしょう。シンガポールでは、他宗教を批判、攻撃することが厳しく法律で規制されていて、違反すると厳罰に処されるというのです。

宗教や文化を尊重しながら、一方ではグローバル経済を勝ち抜くために、英語を公用語にして学校教育も英語で行い、徹底的な経済エリート養成のための教育をしています。隣国のマレーシアが民族性を守るためマレー語を公用語として国際競争から取り残されていることを考えると、この合理性はやはり多数を握る華僑的、中国的発想に基づいているのでしょうか。

善し悪しは別にして、考える材料をたくさんもらった気がします。

（私のシンガポールにおける情報源は、シンガポールに駐在している日本人の友人、コンサートのプロモーターである華僑系の女性、私たちのＣＤをシンガポールで販売している会社の社長、そして家内のファンで一席設けてくれた最高裁判事と多岐にわたっていました。）

アメリカの不安

赤道直下、常夏のシンガポールから数日だけ帰国、日本に立ち寄り、下の娘の七五三を済ませて飛んだデトロイトはすっかり冬になっていました。

演奏に使う機材を回転台から降ろし、空港の外へ出ると冬の空から雪が落ちてきそうです。

数日前に体験したシンガポールのアジア的活気、熱気、そして、着物を着て神妙に井草八幡にお参りをした娘の晴れ姿があっという間に遠ざかっていきます。アジアとアメリカの空気の違いを感じます。気を引き締めます。会場に入り、聴衆の前で演奏すれば元気を取り戻せることはわかっていても、最近のアメリカの状況は暗いのです。

去年のテロ事件以降、空港の警備、荷物チェックはますます厳しくなっています。国内線でも二時間前にカウンターに並びます。出発時刻を間近にひかえ、荷物を全て開いてチェックを受けるイライラ。係官の粗暴な態度、怠慢さ、やる気のない不機嫌な顔が、普段以上に、見ず知らずの人間同士の間に生まれる不信感、この国特有の人種間の軋轢をあぶり出します。この一年で、二十年くらい逆戻りしたように思える人種差別意識の復活は、肌の色の違いが、決して理想論や時の流れで越えられるような安易な壁ではないことを思い出させます。

空港のイライラがアメリカ社会にどれだけマイナスの影響を与えているか。経済的打撃はもちろんですが、アメリカ人の間に生み出している精神的苦痛、不信感は、数字では測れない負の遺産となってこれから何十年にもわたって影響を及ぼすはずです。イライラしていると自信が揺らいできます。自信が揺らいでくると、人々は不信感を強め、なお一層攻撃的になってくるのです。

最近、政府もそれに気づいたのか、空港での警備、荷物チェックはすべて政府が雇った職員でなければならない、という法律ができました。雇用条件は高校を卒業していること、研修を三十時間以上受けていること、そして年収は五百万円です。裏を返せば、いままでの空港警備、荷物チェックの人たちの中に、高校を卒業せず、研修も受けず、年収が二百万円くらいの最低賃金労働者がたくさんいたということなのです。これでは問題が起きるはずです。

パワーゲームの構造が支配している国、経済的階級のどこに所属しているかが価値の基準になっている国で、社会の下層にいる人たちに、警備という権限を一時的に与えることで起きる摩擦、軋轢、復讐心、警戒心、敵愾心。これはアメリカに住んでみないとわからないことかもしれません。階級意識、差別意識がはっきりとあるが、尊敬の念や、秩序の意識は伴わない。建て前は、あくまで「平等」です。空論が社会を支配しているのです。その空論を日本に持ち帰って、「日本もアメリカを見習って男女平等にならなければいけない」などという馬鹿な日本人がいるから腹が立つのです。空論の上に重ねた空論が家庭崩壊や幼児虐待を増やすのです。

ワシントン、バージニア近郊で無差別狙撃事件があったのが先月でした。日本で「あの辺りに行ったことありますか」と聞かれました。年に二回は行く地域です。デトロイトを終え、これから、テキサス、フィラデルフィアを経由して来週には「あの辺り」でコンサートがあるのです。

狙撃事件の犯人は幸い捕まりました。しかし、犯人親子の過去の遍歴、家庭崩壊、離婚、カウンセリング、法廷における親権争いから父親と義理の息子がホームレスになってゆく過程がいまのアメリカの暗い部分を象徴しています。彼らも人間です。父親の方は湾岸戦争にも従軍した元兵士です。狙撃の名手です。そういう人間が、一人ではなく、義理の息子と二人で、狙撃用に改良した車から、次々と無差別に女性や子どもも含む標的を殺していく。

不幸な境遇、戦争体験、それを支えるはずだった人間関係の崩壊。司法システムに対する不信。家族を敵にまわし、社会に復讐心を抱き、自らを正当化する、そんな孤立した意識がアメリカをおおいはじめているのです。その国が、愛国心でまとまり、戦争を始めようとしているのです。

何度でも言います。人間は自立なんてできない。助け合って、頼り合って生きていくのです。みんなが、それぞれ心の底から頼りにできる人を数人まわりに持っていれば、地球は平和になるのです。

寄宿学校

学校教育がなりたたなくなってきているアメリカの大都市で、一部の問題児をどうやって一般の生徒から引き離すか、彼らの生活環境である家庭からどうやって引き離すか、ということが真剣に討議されるようになってきました。

（私は今日本に向かって、子どもをどうやって家庭に返すかという方向で発言をしています。しかし、アメリカではすでにその段階は通り越して、子どもをどうやって家庭から切り離すかというプロジェクトが各地で始まっているのです。）

ボルチモア市では、公立学校教育を改善するために放課後の学童保育、学習用コンピューターの導入など様々な案が検討されましたが、現場の教師たちからの一番の要請は、五％ほどいる問題児を他の生徒から引き離してほしいというものでした。

（学校教育の弊害の一つは、一部の問題児が、他の子どもたちの道徳観や価値観に悪影響を与えることです。教師が子どもたちの生活を管理できなくなったアメリカで、学校が犯罪者を培養する役割を果たし始めたのです。こういう情況を目のあたりにすると、「管理教育はいけない」などと甘いことを言っている、日本の教育学者が勉強不足の人たちに見えてきます。管理できないのなら、子どもを受け入れるべきではない。少なくとも法律で義務教育を強制するべきではない。）

問題児が犯罪者になる分岐点といわれる中学一年生・二年生の間、他の生徒から問題児を隔離する。それだけでは不十分で、崩壊した家庭環境からも切り離す、それをするには問題児専用の全寮制の公立学校を用意するしかない、ということが市政の一部として検討されているのです。

しかし、国内に全寮制の学校を作って問題児を収容していたらとても予算が足りません。そこで、六年前から実験的に民間の手を借り、アフリカのケニアに全寮制の学校を作り、そこに毎年選ばれた問題児たちを送り込んでいるのです。

子どもを厳しくしつけてくれるケニア人の教師は、年間の給料が五十万円程で済み、隔離された環境は、子どもたちに小学一年からの勉強と生活態度を教え込むには最適です。アフリカでは逃げることもできません。ケニアの貧しい子どもたちの生活を見て、自分たちがいかに恵まれていたかということにも気づくそうです。

このケニアの全寮制中学校に二年間行った生徒の九割が、帰国後大学に進学しました。

これはあくまで実験であって、このような特異な解決策が実際に普及するとは思えません。しかし、二年程度の全寮制の公立学校が、少年院のような形で強制的に家庭から子どもを隔離する時代はそこまで来ています。それにかかる費用が国家財政を圧迫したとしても、将来、警察や裁判所、刑務所にかかる費用に比べればはるかに安いからです。

小児保健医学会で講演

神戸国際会議場で行われた第四十九回小児保健医学会で基調講演をしました。学者やお医者さんに混じって音楽プロデューサーは私だけ。学会といえば権威の城のような感じがしますが、この学会は小児科医として子どもに関わってきた人たちが主なので優しい目をした人がたくさんいます。

パネルディスカッションで司会をした東京女子医大の仁志田先生とは、もうずいぶん長いおつき合いです。小児科医学会の元会長の前川先生は私の本を読んで、数年前に東京フォーラムで行われた第百回記念大会の講演を依頼して下さった方です。ステージで私を紹介して下さった中村先生は、「母乳の会」の会長さんですから考え方の根っこが私と同じです。学問をしている人たちではなく、人間を見つめてきた人たちです。

ちょっと困ったのは、パネルディスカッションのもう一人の司会者、アメリカのサラ・フリードマン博士が、二ヶ月も前から電子メールで何回か私の履歴書を送るように求めてきていたことでした。

他のパネラリスト達、イスラエル、イギリス、インドネシア、中国、ネパールの学者たちは、もうそれぞれメールで履歴書を送っていて、私の所へも転送されてきます。

どこの大学で、学士、修士、博士号をとり、学会誌に論文を発表し、大学で教えていて、行政とはこういう仕事をしています、著書はこれこれ、と立派に細かく書いてあるのです。英語で。

私も、実は音楽に関してならアメリカのレコード会社が作ったなかなか立派な英語の履歴書があるのですが、スピルバーグやジョージ・ルーカスの映画で尺八を吹き、自分のアルバムを十四枚出しています、「世界で一番聴かれている尺八奏者」などと学会ではまるで意味のないことしか書いてありません。よっぽど、「音楽家」とだけ書いて送ろうかとも思ったのですが、それも失礼な気がします。

フリードマン教授はアメリカ人の女性です。私はたぶん基調講演でアメリカのことをボロボロに言ってしまうのです。学会が始まる前から気分を害してはまずいのです。

仁志田先生や中村先生は、普段私が書き、喋っていることをそのまま欧米の学者にぶつけたらどういう反応が返ってくるのか、ということに興味を持っているはずです。だから私が呼ばれたのだと思いますから、私は張り切っていたのです。しかし、物事にはやはり節度があり、場所柄をわきまえた態度が要求されます。結局、何も送らずにその日が来てしまいました。

(「節度と場所柄」と自分に言い聞かせつつも、世界の子どもの幸せを願って、私は、やっぱり三人に一人が未婚の母から生まれ、生まれた子どもの二十人に一人が刑務所に入るアメリカ社会の現状を、「こんなのはもう人間社会じゃない！」とパネルディスカッションで言い切ってしまいました。同時通訳の人が、ヘッドホーンの中で、どう英訳したかは知りませんが……。）

学会の前日にアメリカから帰国、そのまま家内と成田空港で別れ東京駅に車をとめ、新幹線で神戸へ。さすがにくたびれて、夕食もとらずに眠ってしまいました。その前二週間が、呆れるくらいのハードスケジュールだったのです。

筑紫哲也さんの『ニュース23』に家内が音楽のゲストとして出演しました。そのためバンドメンバーを急きょ来日させ、深夜に生演奏を無事終了。翌日、成田に送りだすのはレコード会社の人にまかせ、富士のふもとまで運転。来日中のボブ・ジェームスとラリー・カールトンと家内が野外劇場で共演。ボブとクリスマスコンサートの打ち合わせ。

一日おいて北京経由でトルコのイスタンブールへ。ドルマバフチェ宮殿でのコンサート。

リハーサルの日を使い、別の宮殿を借りてプロモーションビデオの撮影。イスタンブールは歴史と文化が幾層にも重なりあった不思議な街です。その歴史の層が、ちょっとした街角の壁、階段の手すり、街の騒音に感じられます。キリスト教と回教が征服を繰り返す中、人々は街と共に生き続けてきました。街全体が要塞になっていて地下には二〇〇〇年前に作られた巨大な貯水槽があります。周囲を囲まれて篭城を余儀なくされた時、ここに水を溜めておいたそうです。何千年にわたって首都機能を果たし、東西の貿易の拠点でもあったのです。

ガイドの青年が海峡の向こうに見える白い建物を指差して言いました。「あれは以前、陸軍の高等学校でした。リビアのカダフィ大統領とイラクのフセイン大統領があそこで学びました」。

魚釣りをする人たちがいます。食べるための釣りでしょうが、楽しみと癒しの効果もあるのでしょう。世界中のみんなが毎日魚釣りをすれば、ずいぶんいいのに、と思います。大きな汽船の通る海峡の両岸に、釣り竿がズラッと並びひしめきます。こちら側の釣り竿と、向こう岸の陸軍高等学校が、庶民と権力の隔たり、人間社会の複雑な奥行きを象徴しているようです。

コンサートを終えて次の日、フランクフルト経由でアメリカへ飛び、アリゾナ州のフェニックスでコンサート。翌日、フェニックスの病院で、音楽治療を研究している人に以前から頼まれていた患者のためのコンサート。末期がんの病棟を見舞ったのですが、患者も歩く廊下に「死とは?」とか、「生命維持装置を外す決断について」とか、「延命治療はいいことか？」といったパンフレットが置いてあります。保健会社が経営している病院かもしれません。それにしても、日本的感覚からすればかなり変な感じがします。

翌日ロサンゼルスに戻り、午前中にカタリナ島でコンサート。ヘリコプターでロングビーチに飛び、アナハイムのグローブ劇場でその晩コンサート。これは骨髄バンク登録支援を兼ねたチャリティーイベントでもあります。

やっとハンティントンビーチの自宅へたどり着き、一日だけゆっくりして成田へ。そして、そのまま神戸へ直行したのです。考えてみると、十日間で世界一周してきたのです。

イスラエル、イギリス、アメリカの学者たちが、共通して「長時間保育がいかに子どもに悪い影響を与えるか」というテーマで研究発表をしていたのが印象的でした。イギリスはいま伝統的家庭観を取り戻そうと必死にもがいています。しかし、中学や高校で退学者を増やし家庭に子どもを返すことによって親の責任を喚起しようという政策は、退学させられた生徒の七割が犯罪者になる、という結果を招き失敗しました。その失敗の原因を今度は長時間保育に求めようとしたのでしょう。

キブツという政府が親子をシステマチックに引き離して、子育てを行うというの実験を観察し、その問題点を把握しているイスラエルの学者は、保育機関が政府に管理され、保育が仕事となることによって保育者の質がいかに低下するかという報告を、保育所における虐待や放置の現状を指摘し発表していました。非常に具体的です。ビデオを使いながら、泣いている子どもに声をかけるまで、親なら平均何秒、保育者は平均何秒。子どもの喧嘩を仲裁するまでに、親なら何秒、保育者は何秒、という具合です。それにしてもビデオで見る限り、イスラエルの保育所は飼育所のような印象でした。

アメリカの学者だけ女性だったのですが、基調講演における私のアメリカ批判を聞いて不愉快な思いをしていたと思います。夕食時もなかなか目を合わせようとしません。

パネルディスカッション、基調講演のあと、夕食をはさんで、深夜まで討論が続きました。ほんとうは、もう英語でしゃべるのは疲れましたね、と仁志田先生と二人でホテルのバーへ逃げたのですが、なぜかみなさんがそこへやって来たのです。でも、実はそれからが面白い討論会になったのです。

私は、長時間保育で問題行動を起こす子どもが増える、というふうに考えるべきではなく、長時間保育で親側に親心が育つ機会が減り、それが子どもの問題行動につながる、と考えるべきで、子育ての問題を「子どもが親を育てる。特に絶対的弱者である乳幼児が人間から善性を引き出す」と考えないと根本的なところで過ちをおかしてしまう、という視点を繰り返し話しました。この人たちはそれぞれの国で、この問題についての専門家たちですから、私の話をヒントに国に帰って行動を起こしてくれるかもしれません。力が入ります。

イギリス、イスラエルの男性の学者たちが長時間保育という問題だけではなく、保育の質、保育者は親に代わることはできない、というところまでつっこんでくるのに対し、女性のフリードマン博士は、保育施設の存在を守る立場が鮮明でした。それでも深夜になるころにずいぶん私の話に理解を表明してくれたのです。

「あなたは本当にアメリカ人ですか？」と私は聴いてみました。

「実は二十歳までイスラエルで育ったんです。それから三十年間アメリカに住んでいますが」と彼女は答えました。

女性が経済競争に参加することによって社会から失われるもの、ということをはっきり言い切る私の視点は、純粋にアメリカ育ちの女性、しかも競争社会における勝ち組である学者という立場まで登りつめた女性が受け入れられるものではないのです。それがわかっていながら、その場で私が強引に、しかも短時間に私の通常の論法で話をすすめたのには、イギリスとイスラエルの学者たちの共感があったからかもしれません。二人とも私の本を英訳すべきであること、出版社を紹介してもいい、共著を考えたらいいのではないか、とすすめてくれました。

（イスラエルには徴兵があって、男も女も分け隔てなく三年間兵役につくそうです。女性も射撃訓練をちゃんと受けるそうです。）

（ネパールの学者の発表は、子育てにおける宗教儀式の役割についてでした。教育学、心理学、保健学というより文化人類学的発表でとても面白かったです。）

（以前、文部科学省と東京都が主催した青少年健全育成地域フォーラムにパネリストによばれたことがありました。その集まりのタイトルは「子どもの健全育成と大人の役割」というものでした。私は発言の中で、このタイトルが「大人の健全育成と子どもの役割」とされた時に、現代社会が抱えた様々な問題の糸口が見つかるのだ、と言いました。人間の成長は学問的に扱われるものではなく、弱者（特に幼児）に関わることによって、幸福感をともないながら自然に行われるものでなければならないのです。）

厚生労働省の新少子化対策案

ツアーから帰国すると、朝日新聞社の出河さんからメールが来ていて、「今度の厚生労働省の少子化対策案どう思いますか?」と書いてありました。しばらく日本にいなかったのでまだ知りません、と返事を出すと、さっそく九月二一日付けの朝日新聞の記事をファックスで送って来てくれました。

読んで本当に嬉しかった。

父親を親らしくするために、男性の育児休暇取得の奨励を企業や自治体に働きかける。子育てをしている家庭向け支援（つまり、保育園に子どもを行かせていない母親たち。自分で育てようとしている親たちに対する支援）を充実させる。そして、次世代の親向けの対策として、中学高校生が乳幼児とふれあう場の拡充、世代間交流の推進、など、私が大切に思っていることがしっかり骨子になっているのです。

ここが分岐点だ、と思いました。欧米並に崩れつつある日本の家庭の状況を見ていると、これからが大変だけど、ここからが勝負だ、と思いました。もう五年早く厚生労働省が方向転換してくれていたら、という気がしないわけではありません。しかし、これが五年遅れていたら、と思うとゾッとします。ですからこれでいいんです。状況は整ってきました。いよいよ保育者たちの反撃が始まるのです。本当に子どもたちの幸せ、親たちの幸せを考え、大自然と共に進む反撃です。子育てを親に返してゆく仕事です。

親たちを園に引っ張り出す。中学生・高校生を園児と遊ばせる。園庭でたき火を囲んで父親たちにお酒を飲ませる。保育園の遠足は父親同伴にする。できることはたくさんあります。園児たちが人間を育てる力を信じるのです。幼児が大人から善性を引き出す力を信じるのです。

日本ならまだ間に合うかも知れない。いや、先進国の中で、間に合うとしたら日本しかないんだ。そんな覚悟で頑張りましょう。

手紙

松居　和様

こんにちは。私は福岡の**H.R.**と申します。昨年、福岡市の中央市民センターで松居さんの講演を企画しました。私はその時の司会を務めたものです。その節は本当にお世話になりました。

世界がこのような情勢になり、松居さんのお仕事にもいろいろ支障がでているのではないかと察します。

先日、私はアメリカのドキュメンタリー映画『ボウリング・フォアー・コロンバイン』（マイケル・ムーア監督）をこちらで観ました。松居さんは御覧になっていますか？　この映画を観て松居さんのおっしゃるアメリカ、パワーゲームの構造がものすごくよくわかりました。この映画の日本公開は、タイムリーにイラク攻撃が始まり、余計に話題を呼んでいるようです。

銃規制のことを扱った映画ですが、私は観ながら、今の日本の子育て支援や男女共同参画の現場にはびこっている論理（パワーゲーム）と同じものを感じずにはいられませんでした。論旨のすりかえという点です。

松居さん、いま、日本の子育てを支配していこうとしているものは、欧米式の子育てのスタイルです。男女働いて子どもを育てて、経済を支えて……、というスタイルです。

知識人や専門家が何といっているかご存じですか？

みんな口を揃えたように「あくまでも選択の自由があるという大前提で」と前置きがついた上で「保育園を三歳以上は義務化したらどうか」とか「幼稚園の三歳児受け入れは素晴らしい」とか言っています。

私は全国の子育て支援者のメーリングリストで「親の手から子どもを引き離すシステムを作るな」「虐待寸前や子育ての環境が整ってない親のためによかれと思って作

るシステムがいつのまにか形骸化するのではないかという危機感を支援の現場で過ごして、ものすごく感じる」などと流しているのですが、さんざん、叩かれますよ（笑）。時代遅れだとか親と子どもが地域のなかで自分たちの手で子育てするようなユートピアなんて今の時代にできるか！などと、このあいだはアメリカ生活が長かった、とある子ども関係の活動に関わっている男性から言われました。幼稚園のシステムが多少変わるごときで目くじらたてるな、などとも。でも、やはり手後れになってからは遅いので、バカ呼ばわりされても言い続けます。システムを作っても解決しない。視点がかわらないと。

海外でキャリアを積んだ、もしくは有名な大学の先生、あるいは社会的に高い地位について発言権のある人たちの意見が主流になりつつある子育て支援の世界です。でも、私は、子育ての当事者として（子どもは六歳と五歳です）、民間の活動の現場の人間として日々、生身の親子に接してきて「やっぱり今のままじゃいけない」と切実に思うのです。生まれてはじめてリアルに感じました。（やはり出産を経験したから？でしょうか）

いまのままでは宇宙と繋がった人間の感覚を断ち切ってしまう方向に行ってしまう、と。この子育てという自然の摂理が崩壊したら、世界が崩壊するのと同じことだと。松居さんの味方である保育の現場の方とまったく同じ感覚です。いまの日本の

「子育て支援」の中には「親育ち」の視点と、「子ども側」の視点が見えてきません。親と子どもが繋がっていないのです。女性の自己実現という都合のよい論理で、親（大人）は大人の世界で過ごすのが（効率的にも）よい、子どもは子どもだけで隔離していい教育システムの中におけば、女性問題も貧困も家族の問題も良い方向に向かうとされているのです。海外のシステムについてはたくさん議論がされているのですが、リアルタイムの情報というものは、日本に入ってきません。

松居さんの最新号のコラムにあるような学者の研究も。サラ・フリードマンの来日の際にも、賞賛の声しか聞こえてきませんでした。

子育ては大人（特に女性）が子どもの奴隷になるのではなく、人間が宇宙と繋がる恩恵を授かるすばらしい出来事なんですよね。何でもかんでもアウトソーシングが人間の幸福に繋がるという、なんでもお金に換算できるシステムの不自由さに、いい加減気づかなければなりませんよね。

ぜひ、松居さんに、また、福岡で語って欲しいと思っています。声を大に、力を大に。私たちも精一杯声をあげていきたいと思っています。

たいへん長くなって申し訳ありません。松居さんにメールを出すと思うとどうしても意気込んでしまいました。

最後に、コラムで触れてあったシンガポールのことですが、若い世代の少子化がとても深刻になっているそうです。もう一つ印象深かったのは、福岡アジア美術館で見た、シンガポールの女性アーティストの裕福な華僑の大家庭で育った母親との繋がりの希薄さを、母親とならんだポートレートで再構築するという作品です。華僑的な文化が表現された作品だなあと思いました。

アーティストはいいですね。国境や人種や立場を越えて人や宇宙と繋がることができますよね。私も（リスナーですが）音楽の中に身をおくときがいちばん幸せです。子どもと繋がるときの感覚にすごく良く似ていると思います。

お身体に気をつけて、素晴らしい活動を続けていってください。心から祈っております。

H. R.

返事

お手紙ありがとうございます。

『ボウリング・フォー・コロンバイン』はまだ見ていませんが、この映画に関連する報道を見て、だいたい中身の想像はつきます。平均的アメリカ人の思考がいまどのように動いているか、こういう映画を見ないと日本人には理解できないかもしれません。アメリカに住んでいても、アメリカの本質が見えない人が意外と多いのです。

人間の欲望が個人という小宇宙の中でどんな働きをするのか、それを抑制するために必要な感覚こそが子育てにおける「幸福感」なのだということ、そのあたりが浮き彫りされているのが現在の欧米社会の状況です。いろんな人たちに見てもらいたい映画です。そして、人類に起こっている問題の本質を見極めてほしい。

ご指摘のように、パワーゲームの形がここまで個人の心に住みついてしまうと、個人の夢、欲の実現が家庭を崩壊に向かわせ、大きなうねりとなってやがて人類全体の不幸につながっていくわけです。これも、パワーゲーム（欲望）を捨てる過程に幸福感を見出す、という「子育て」の原理をないがしろにした結果だと私は思っています。こうなってしまったのも、親が幼児を育てる時間、人間が人間性を身につける時間が、決定的に減っていることに原因があるわけです。


欧米での滞在経験を持つ日本の学者や知識人などは、通常このパワーゲームの勝者側にいる人たちで、自分の幸福観を正当化することで幸福になろうという、パワーゲームに捕われてしまった人たちに共通した行動をとろうとするのです。パワーゲームにおける幸福の追求が、ますます不幸を増やしてゆく典型的な例です。困るのは、今の情報伝達手段の性格上、こういう攻撃的な人たちほど、発言の機会が多く与えられるという現実です。

パワーゲームの本質は弱者をつくり出すことにあります。そして自分が強者であること、優越感に幸福を感じようとすることなのです。

子育ての本質は〇歳児という決定的な弱者を作りだし、その弱者によって自分の善性が引き出されることに幸福を感じることにあります。

弱者を挟むこの幸福観の類似性が人間社会を危機に追い込もうとしています。

「宇宙の真理は我にあり」の心で、できる限りのことをしていきましょう。

今は大変だとは思いますが、思いを一つに、頑張りましょう。

私たちの思いが、草の根になるだけの土壌をまだこの国は持っています。

松居

問題発言

私もパネリストとして参加した鹿児島での私幼連九州大会は保育史に残るイベントになってしまいました。

「レイプ肯定」と翌日の新聞に書かれた太田代議士の問題発言が飛び出し、森元総理大臣の「子どもを生まない女性は福祉を受ける資格なし」発言に飛び火し、それを黙って聴いていた橋本聖子議員が女性の議員たちから責められ、次の週には福田官房長官のオフレコ問題発言にまで発展したあの討論会だったのです。

同じ壇上にいて司会の田原総一郎さんを相手に少子化問題についてかなり突っ込んだ討論をした気でいた私は、狐につままれたような二週間でした。テレビのニュースやワイドショーでは映さないように配慮されていたようですが、田原さんの右側に座っていたのは私です。（週刊朝日の彼の連載で、「男女共同参画社会基本法を真っ向から批判するパネリスト」と書かれたのも多分、私です。）

討論会のあと、役員の園長先生たちとまずまず良かったですねという雰囲気で打ち上げ会をやっていると、「問題発言があったようで、マスコミが参加者、関係者に裏をとっています」という連絡が、先生たちの携帯電話に次々に入り始めました。一瞬、私の発言の可能性もあるかなあ、と思いながらも、慌てている先生たちに、「問題発言を怖がっていたら日本は変えられません、子どもたちを救えません。性根を据えてやりましょう」と励ましていました。そこへ、「太田代議士の発言らしい」という連絡が入って、一同ちょっと胸をなで下ろしました。でもその時点で、ハッキリ何が問題発言だったのか思い出すことができた人はいなかったと思います。

壇上の参加者が、次から次へと田原さんに突っ込まれる状況でしたから、一人ひとりの発言に耳を傾けるという雰囲気ではなく、その場の流れとしては、あっと言う間に過ぎてしまった発言、というのが正直なところです。こういうイベントに関してはプロ中のプロである田原さんでさえ、ここまで事態が大事になるとは考えていなかったはず。音響の問題もあって、太田さんの発言は私にはよく聞こえませんでした。しかし、マスコミに取り上げられてみると、冗談にしても、政治家の発言としてはまずい。新聞に印刷されて読むと、確かにこれを私の目の前で言っていたんだ、と改めて討論会の危うさを感じます。私は元々短気で、喧嘩を売られると壇上でも平気で買ってしまいますから気をつけた方がいいかな、でも無理かな、などと考えさせられる二週間でした。

公開討論会のその他の部分、私が田原さんと正面衝突をする場面などは、けっこう迫力があって面白い会だったと思います。普段は司会をやりながら相手をキレる状況に追い込んで問題発言を引き出そうとする田原さんが、逆にキレた瞬間がありました。

いつかこの討論会の完全ノーカット版が放映されるとよいのですが……。少なくとも私幼連の資料館には残すべきものでしょう。私もコピー欲しいです。

「男女共同参画社会なんていう馬鹿げた政策、こんなものは、経済競争における男女の平等化、機会の均等化でしかない。結論から言えば、女性が経済的社会的地位で男性並になることであって、本当にそれを目指すことに幸福があるのか」くらいは私も言ったと思います。

ただでさえイラクへの自衛隊派遣、憲法改正と、この国が男性主導の攻撃的な方向へ動いている時に、女性が経済競争に参加することで男性を真似して攻撃的になっては、日本という国の「大切な個性」がなくなってしまいます。女性くらいは子どもたちの安全、家族の安心を一番に考え、私たちが運命的に与えられた「平和憲法」を支持してほしい。競争に参加することで真理はますます見えなくなる、お茶を飲むことで真理を追求しようとした利休の精神を思い起こして欲しい。

「馬鹿なこと言ってないで、日本くらいは女性的に、非暴力的な闘い方で団結しましょう」くらい言って欲しい。勝者のための幸福観を簡単に受け入れないでほしいと思います。私がそう考え、発言することがすでに女性差別と解釈される時代なのでしょう。しかし、頼りあう気持ちが薄れ、頼り頼られる人間関係の根本であった親子関係が崩れ、社会から親心が失われることが、いずれ男性から優しさや思いやりを奪い、家庭崩壊や幼児虐待、女性虐待につながることは欧米社会を見れば明らかです。ですから曲解されようと、叩かれようと、やはり子どもと女性の幸せを願いつつ、私は「私の考え」を言い続けようと思います。

「男女雇用均等法」という法案がありました。これが一番適格に言い表わしているのですが、「女性の社会進出」も「男女共同参画社会」も、「平等＝機会の平等」というアメリカ式の歪んだ平等論の延長でしかありません。アメリカに住んでいるとわかりますが、この平等論は、「機会」「チャンス」が平等なのだからあとはその人の能力、努力次第、強い者、運の良い者が堂々と勝ってよい、大金持ちが大手を振ってなんの後ろめたさも感じず暮らせる、という強者のための免罪符です。人間の能力や運が異なる限り、こんなものはちっとも平等じゃない。「実力社会」「実力主義」という言葉が良いもので、日本経済を立ち直らせるキーワードのように使われていますが、平等論の後ろに控えているこうした強者の正義を実現させたら、社会に優しさ、モラル、秩序がなくなります。そうなっては福祉や警察力で補おうとしても絶対に無理です。

最近の東京都の政策にはあきれます。保育所で十五時間子どもをあずかれ。駅前保育を増やし待機児童をなくせ。女性を子育てから解放し、男女共同参画社会を実現させよう、などというスローガンで家庭を崩壊させ、東京を犯罪都市化し、同時に警察力を充実させるために副知事に警察官僚を起用しようというのですから、もう支離滅裂、無茶苦茶です。

少子化問題の討論会に出席して、私は、親子を出会わせることによって親がどう育ってゆくか、親心がどう育ってゆくか、その過程で親が発見してゆく幸福観（幸福のものさし）の大切さについて話しました。子育てに幸福感がなければ人類はすでに滅んでいる。子どもを育てる幸福感を親たちが再び取り戻せた時に、少子化は解決するだろうというのが私の論旨です。でも、実は私はこの「子どもを増やそう、将来の日本経済の死活問題だ」式の少子化対策には反対なのです。「安心して子どもが産める環境作り」という厚生省の言葉が、現実には、「とにかく産みなさい。あとはシステムが面倒を見てあげます」という方向へ動いているからです。これはやがて親たちの「子どもを育ててくれない社会への不満」につながります。そして、システムがこの親たちの不満をフォローしきれなくなった時に、育児ノイローゼ、離婚、幼児虐待、犯罪の増加へと確実に進むのです。

中学生が教育テレビに出てきて不満をぶちまけあう時代です。不満をハッキリ言うことが人権だと勘違いされている時代です。マスコミが人々の不満と不安を煽ることで視聴率を稼ごうとしている時代です。

私が考えるのは、生まれた子どもが親になるべく虐待されない社会にするにはどうしたらいいか、それだけです。園児を確保することが死活問題である園長先生たちのことを思うと言い難いことですが、虐待されるような社会なら生まれてこない方がいい、少子化になればいい、それが自然、それくらい思っています。そこまで子どもの幸せを願う気持ちで保育界（保育園も幼稚園も）が結束し、そこを出発点に一緒に親心を耕せば、いつかまた親たちが「幸せに生きるために子どもを産む」ことを選択する時代がくるかもしれない、それが私の夢です。

先日、日本女子大で講義をしたのですが、大学のパンフレットに「自立への扉を開く」と大きく書かれていました。そんな「扉」誰も見たことないのに、こういう言葉で競争社会へ人々の心を向かわせる洗脳が学校で既に始まっているのです。「自立」という言葉は、本来頼りあって生きるべき人間たちを「孤立」させ、不安にさせ、経済競争に向かわせます。「お金で確保する安心感」に多くの人が頼るようになった時、弱者、運のない人に辛い社会になっていきます。

頼りにし、頼りにされる人間関係を「家族」という範囲で作る、それが、人間本来の幸せ、安心の土台でした。裏表や駆け引きのない人間関係を数人持てば人間は幸せに暮らせるはずでした。それを家族という単位で作ることで社会の精神的安定が保たれていました。家族という定義の中心にあったのが「子育て」でした。その体験の繰り返しから、人間は頼りあうことの素晴らしさを学び続けてここまできたのでした。

子育てに関わった親、親心を育てた親は、長い人生で再び助けを必要とするようになった老人に対しても優しくなります。ある介護士が、「幼児に関わらない親は老人にも残酷です」と言っていました。子育てをして初めてわかる親の恩、ということを言います。少年の凶悪犯罪や、罪の意識が感じられない集団暴行事件が増えています。福祉や教育では補えない「人間の心」がどう育つのか、ということをもう一度考えなければならない時期に来ているのです。

（こういうことを書くと、じゃあ子どもを生まなかった人、作りたくてもできなかった人はみな残酷なのか、人間として失格なのか、という議論をしかけてくる人たちが必ずいます。そういう人たちが案外、社会における強者で、発言力を持っていたりするから困りものです。子育てをしっかりしたから必ず良い人間になるわけでもなければ、子育てをしなかったから優しくなれないわけでもありません。そんなことは常識であって、論議するようなことではないのです。私たちは人間社会の大きな流れの話をしているのです。）

日本語で言う「権利」という言葉が、実は「権利」ではなく「利権」ではないか、ということにアメリカに住んでいると気づきます。そして、人権という言葉がパワーゲームの道具に使われるようになると、「配慮」という言葉が人間関係を上辺だけの薄っぺらなものに変えてゆきます。

「配慮」という言葉が使われる状況の一つに、父親のいない子どもに配慮して父の日や父親参観日をやめよう、行事の名前を変えよう、というのがあります。こうした配慮はおかしいと思います。前にも書きましたが、「父親のいない子」は存在しません。何らかの理由でそこにいない、家庭にいないのであれば、そのことを考える日、父親を懐かしむ日、いないことを悲しむ日（または喜ぶ日）、であっていいのです。「カルマ」という言葉があります。因果応報と訳され、何か悪いことをして罰を与えられるような印象がありますが、実際の意味はもっと深いものです。良いことも悪いことも、一見良いことに見えることも、一見悲しみの原因になるようなことも、すべての行いにそれに伴う現象が結果として現れてくるということです。この因果応報を正面から受け止めて人間は成長していくのです。

それが最近、みなこの因果応報から逃げることばかりを考えている。自分が成長することから逃げようとしている。配慮や人権という言葉を使って楽をしようとしているように思えます。離婚をした母親が幼稚園の父親参観日を前に、自分は正しかったのだろうか、他に方法はなかっただろうか、と考え直してみる。子どもを見つめ、自分を見つめ直してみる。これで良かったのだ、これが最善だったのだと思ったとしても、自分のとった行動を立場を変えて時間をおいて考え直してみる機会が人間の成長には必要です。今の日本の社会において、配慮という言葉は良い言葉のように使われていますが、人間が「子育て」をするに足る人間性を身につけていく過程を妨げているような気がします。

（私の考え方は厳しすぎるでしょうか。しかし、親になることは厳しさを伴った成長だと思います。私はこのくらいのことは自分の娘たちにも言うだろうし、それが自分を成長させるのだと思います。）

今回の討論会の目的の一つに、田原総一郎さんのようなマスコミの最前線で活躍している人に、日本の「子育て」に何が起こっているのかを知ってもらいたいという保育者たちの願いがありました。しかし、田原さんがその後週刊朝日に書いた文章を読む限り、「少子化の中で、幼稚園と保育園とが激烈な幼児の獲得競争をしている」状況で、幼稚園の関係者が「バランスを失ったシンポジウム」を主催した、と理解されたようです。そして、「パネリストたちの幼稚園応援歌は、とても社会に受け入れられる代物ではない」と書かれてしまいました。問題発言が問題化する前、ニコニコしながら帰って行った田原氏を見ているだけに、幼稚園関係者は裏切られた思いでしょう。

私は、今、本当に幼稚園にも保育園にも「親心」を育てるために頑張って欲しいと思っています。精一杯応援しています。人類の危機を救うのは保育者たちしかいないと本気で思っています。ですから、田原さんの分析は表面的で物事の本質を見ておらず腹立たしい。しかし、田原さんにここまで悪意を持って書かれてしまう原因が、確かに今の保育界にはあると思うのです。それを今回の大会は浮き彫りにしてくれたのだと思いたい。

別に、田原さんに正しく理解されなくても私は構いません。あそこに居た六百人の保育者たちの顔を見た上で、「園児を減らさないために女性の社会進出を幼稚園が妨げようとしている」程度にしか理解できないのなら、マスコミなんて糞食らえ、とも思います。ただ、これは田原さんが帰ったあとの会でも園長先生たちに必死に言ったことなのですが、保育園と幼稚園が園児獲得のため、稼ぐために敵対関係にあると理解されるような対立関係はもう止めなければいけない。保育園と幼稚園が競うなら、どちらが真剣に子どもたちの幸せを願っているかということでなければいけない。どちらが本気で親心を育てているか、という競争心でなければいけない。そうでないと人類が危うい。

幼児虐待を目のあたりにするようになった保育士たちの私の講演を聴く真剣な眼差しを見ていると、幼稚園関係者もそろそろもっと「大切な次元」で意識の統一を図ってほしいと思います。保育界全体が、子どもの幸せを願う気持ちで意識の統一をすれば、マスコミが何と言おうと、政府や行政がどんな政策を押しつけてこようと大したことではない。その連中がいくら家庭を壊そうとしても私たちが人間社会を守る、子どもの幸せを守る、幼児と人間たちを出会わせることによって親心を育てる、その決意で黙々とやっていけば良いのです。誰にもそれを止めることはできない。

松居さんの言っていることは理想論だ、私たちには生活がある、というご意見も重々理解しています。しかし、幼稚園と保育園はただの商売ではない。親心を社会に復活させるための最後の砦です。もうそこしかお願いする場所はないのです。

パワーゲームの本質

ここ五年、ますます崩れていく日本の家庭を見ていて、私が歯がゆく思うのは、パワーゲームの本質を理解しない人たちが、弱者の救済を叫びながら実はパワーゲームに手を貸し、それに巻き込まれてゆく姿です。今、「福祉」の流れが「女性の権利」と言いながら、実際は社会から親心を失う方向へ動いているのも、地球全体、人類全体を支配しようとしているパワーゲームの本質、仕組を理解していないからだと思います。国境を越え始めたパワーゲームはすでに人々の心を侵食する手段、方程式を身につけていて、非常に高度でずる賢い仕組で、人々の「欲」を「夢」とか「権利」という言葉にすり替えながら、社会を不満で満たし競争に駆り立てる。

親心が一つ消える度に、私たちは欧米流パワーゲームの黒い影に、一歩一歩引き込まれてゆきます。親心が私たちの周りから一つ消える度に、人間たちは他の宗教、文化、民族に対する優しさを失ってゆくのです。人間たちに優しさを失わせることこそがパワーゲームの本質なのです。

長田百合子さん

『黙』(MOKU)という雑誌の対談企画で、ずっと会いたいと思っていた長田百合子さんに会いました。場所は日比谷公園の松本楼。残暑の厳しい日でした。長田百合子さんの姿をテレビで見たのは一年くらい前のことだったと思います。塾の経営者でありながら、ひきこもりや問題のある子どもを、親子共々に怒鳴りつけ、叱りつけ、見事に立ち直らせてゆく姿は、典型的な「地べたの番人」です。

私の師匠たち、奈良の竹村先生、あきるの市の今先生、浦和の石川先生、その他大勢の園長先生に共通した地面から湧き出てくるエネルギーと本当に子どもたちのことを心配している「親身さ」を体中から発散させている人です。こういう方たちに接していると、つくづく「親身」ということに関して、男は女性にかなわない、と思います。それを長田さんに言ったら、「私たちは毎日茶碗洗って、ご飯炊いているからね」

と言われてしまいました。天から落ちてきたような言葉で、大事にしようと思いました。

カウンセラーや精神科医の普及が、いかに人間関係から親身さを奪い危険か、という話を、小学生の二十人に一人が学校のカウンセラーにすすめられて薬物を飲んでいるアメリカの例を上げて説明していると、長田さんが、「そうなんですよ。ひどいもんですよ、この医者っていうやつは」と怒りを爆発させました。

「子どもに問題行動が起こると、親はすぐ医者に頼ろうとする。医者は薬を飲ませろと言う。子どもはそんなの飲むのは嫌だ、と親に言う。すると親はまた医者に、子どもが飲みませんと泣きつく。それでは、といって医者は味のしない薬を食べ物に混ぜろと言って親に渡すんです。子どもは何も知らないで薬入りの飯を食べて、コトンと眠ってしまう。そうなると自分が本当におかしくなってしまったんじゃないかと思う。犬やネコじゃあるまいし、子どもの食べ物に黙って薬を混ぜるなんて親は、もう親じゃない！」

長田先生は、主に子どもが中学や高校生になっている親子関係を短時間に、気合いと人生観で叩き直している人ですから、幼稚園・保育園を使って親心を耕しましょう、と言っている私よりはるかに厳しい現実を見ています。そして、親子関係の崩壊に肌で危機感を感じています。「子どもの自由にさせておきなさい」「しばらくそっと様子をみましょう」「子どもの自主性を尊重して」などという学問を頼りにした専門家たちの言葉が、親子の絆をますます希薄にしてゆく現状を見ています。

親に、子どもに内緒で食べ物に薬を入れろ、とすすめることは、親子の信頼関係を壊せ、と言っているようなもの。人間の「心」は信頼関係を拠り所に「安心」に向かうのに、心の専門家と呼ばれる人たちが信頼関係を根本から崩すようなことを親たちにすすめる時代なのです。

心という流動的な、曖昧な、壊れやすいものを扱う時、本当は、結果よりもそのプロセスが大切です。成果よりも、成果を求める過程で、人間たちの絆が育つことが大切です。心の絆を育てるために問題は起きるのです。心の絆が育たないと、それを育てるためにますますたくさん問題が起こってくるのです。心を寄せあう人間関係が満ちるほど社会は安定するのです。魂の交流が人間たちを安心させ人間関係を育てるのです。

人間と宇宙の魂の交流、それが祈りです。だからこそ人間は祈り、安心するのです。

「親身」という方向へ人間同士の関係がいかに育つか、そこに子育ての一番大切な意味があるわけです。それを壊すのがカウンセラーと精神科医だ、という長田さんの言葉にはまったく同感でした。全てのカウンセラーが悪いと言っているのではありません。薬物が必要な時もあるでしょう。しかしアメリカ社会を見てしまった私には、カウンセラーと精神科医の後ろに「製薬会社」という巨大な組織、利権が見えるのです。「大学」や「病院」という巨大な組織、利権を感じるのです。パワーゲームの構造は、親子という儲けを度外視した関係に商業が入り込んでくることなのです。

長田百合子さんの本、『親が変われば、子どもも変わる』（新潮社）を読みました。様々なひきこもりとその親に対処してゆく姿には、学問なんかではとてもかなわない、一人の人間の人生がありました。人間対人間の魂の触れ合いが書かれていました。ぜひ、読んでみて下さい。

親を脅して儲けようとする精神科医

長崎で起きた中学生による幼児殺人事件の特集をテレビでやっていました。日本で統計をとると、「少年犯罪は親に責任がある、」と自ら言う親たちが七割いるそうです。ここが日本の素晴らしいところ。

こういう事件を起こしそうなサイン（子どもの徴候）に、「自分は気づくことができる」と思っている親が半数いる。これも嬉しいこと。実際に気づくことができるかどうかは問題ではない。気づくことができる、つまり、自分は親をやっていると思っている親がこれだけいることが大切です。

しかし、このアンケート結果を見て、番組にコメンテーターとして出演していた精神科医が「専門家でもない親に見抜けるわけがない」と言い切るのです。

私はこの言葉を聞いた時、テレビの前で一気にキレました。

こういう犯罪が起こるサイン（徴候）が一体どういうものなのか、私は知りません。親に見抜けないことだってたくさんあるに違いない。でも、もし学問をやった専門家にしかそれが見抜けないのなら、ハッキリ言って人類は成り立たない。とっくに滅亡しています。一番身近に居て、小さい頃からその子を見守っている親に見抜けないことが、よそ行きの顔をして診療を受けに来た子どもに数回診療室で会ったくらいで「専門家」なんていう阿呆に見抜けるわけがない。長田百合子さんも言っていました。「その家、その家庭に踏み込まないと、本当の状況は見えない」と。テレビにまで出てきて「親よりも自分の方が専門家なのだ」なんて馬鹿なことを言う、人間の心理にも宇宙の真理にも無知なイカサマ専門家が親を怯えさせ、不安を抱かせ、親であろうとすることを躊躇させる。

多くの親が親をやめ始めていることこそが、こういう変な事件を増やす原因となっているのです。

世の中から凶悪事件や不可解な事件を少しでも減らすには、より多くの人たちが安心を得ることしかない。信頼関係、親身な関係がなくなり、不安が社会に渦巻き始めて犯罪は急増してゆくのです。それがわからない馬鹿で、間抜けで尊大な精神科医、心理学者、「心の専門家」に人間の心のことなど論ずる資格はない。それとも、親たちを不安にして社会に犯罪をばらまき患者を増やそうという確信犯なのか（これでは保育園を増やし家庭を壊し、犯罪者を増やしてから警察で取り締まろうというどこかの知事と同じじゃないか）。こういう連中はただ自分の存在価値を宣伝し、役にも経たない学問や知識を振り回し、人間関係を壊すことによって儲けようとしている最悪の人間です（私はかなり感情的になっています）。

こんな連中を報道番組に呼ぶテレビ局、マスコミも浅はかで困り者ですが、テレビに呼ばれるくらいだから、その精神科医がその分野を代表する著明な「専門家」であるに違いない。この現実が一番恐ろしい。いったい人類はどこへ行ってしまうのでしょう。学問をやった専門家を早く封じ込めないと長田百合子さんや私のような人間がいくら頑張ってもどうにもなりません。それには、大学、少なくとも大学院を廃止しないと駄目でしょうね。学校で英語を教えることを止めないと無理でしょうね。もう、そういうことは不可能な世の中ですよね。だから私は保育者たちに語りかけるしかないのです。私たちが、日々親心を耕しましょう。

先日、心療内科に通う女子高校生から家内にファンレターが来ました。音楽家は心の専門家として本当に真摯に頑張らなければいけないと思います。

心について

六歳になる下の娘が、眠る前に言いました。

「ママ、こころをこめておフトンかけて」

六歳になると、もう、「心」についてすっかり知っているのです。

その優しさ、あたたかさ、大切さ。

いつか娘も自分の子どもに、心をこめて布団をかけてやれる人になってほしいと思います。「心」について知っていればその機会は必ずやってきます。

以前、「こころをつかむ??」というタイトルで『げ・ん・き』にこんな文章を書きました。娘が三歳の時の話です。

『げ・ん・き』が届きました。寝っ転がって読んでいると三歳になる下の娘が来て、「げ・ん・き」と声を出して背表紙を読みました。ひらがなが読めるのが嬉しいのです。

「よく読めたね」と誉めてやると、もっと読めるよ、と言って本棚から「げんき」と並んでいた『こころの教育』という雑誌を取り出して来ました。そして、背表紙にあった「こころをつかむ」と書いてあった副題を、「こ・こ・ろ・を・つ・か・む」とゆっくり読むと、とびっくりして尋ねます。

「心って、つかめるの？」

「心は、ぜったいにつかめないよ」と答えてやると、安心したように、「そうだよね、つかめないよね」と大きな声で可笑しそうに言いました。

この子は「心」という概念をいつから理解するようになったのだろう、という驚きとともに、つかめるわけがない「こころ」をつかもうとする大人たちの空しい努力、そして、それをつかめるみたいに言う学者たちの無知と無責任を少し腹立たしく思ったのでした。

世の中は大人たちのペテンに満ちあふれているけれど、子どもはそうやすやすとダマされません。娘の言葉が地球からのメッセージのように思えたのでした。

「心って、つかめるの？」

葛飾柴又、帝釈天

東京は葛飾柴又、帝釈天のルンビニー幼稚園で講演をしました。

私は映画『男はつらいよ』が大好きで、大学の保育科で教えていた時には、『寅次郎、夕焼け小焼け』と『寅次郎と殿さま』」の二本は必ず学生に見せて感想文を書かせたものです。

主人公は言ってみればホームレス。その生き方に憧れをいだく日本という国の幸福観の土壌。文化の土壌、常識の土壌が、子育ての幸福観としっかりつながっているこの国の素晴らしさを理解するには必見の映画です。欲を捨てた時に、「子育て」を中心にした幸福感のものさしが見えてくるのです。

その舞台ともなった帝釈天のルンビニー幼稚園から講演依頼を受けたのですからちょっと興奮しました。以前、栗原小巻が幼稚園の先生役で出た時の幼稚園です。ルンビニー幼稚園の主任先生は帝釈天のお嬢様でした。映画の中では新珠美千代がやっていたのですが、ホントに帝釈天には美人のお嬢様がいたのです。葛飾の私立幼稚園連合会でも評判の美人だそうです。講演が終わってお昼に、お嬢様に案内されて参道の鰻屋で御馳走になり、お団子をお土産にいただきました。

私は講演のあと、たいてい自分の本と家内のCDを売りながらサイン会をします。すると、二、三人必ずお母さんが残られます。講演中、みんなの前では質問しづらかったこと、でもどうしても聞いておきたい子育てや家庭の悩みがあるのです。そういう人が、質問できる機会を作るためにも、サイン会は欠かせないのです。

一人のお母さんが、年長組の自分の子どもを、夏からアメリカのサンホセに留学させる、と言うのです。留学といっても、サンホセに住んでいる妹のところに行かせて小学校に通わせる、というだけのものですが。アメリカの学校に行かせれば自分の子どもが「国際人」という「人」になって帰ってくる、と信じ込んでいる親が、日本には結構います。娘が宇多田ヒカルみたいにスターになるかも知れない。「国際人」などというものは、世界中どこ探しても居はしないのに、マスコミにまどわされているのです。

小学生の山村留学、というならわかりますが、幼稚園児のサンホセ留学、と聞いたら黙ってはいられません。私はたずねました。

「お母さんも一緒に行くのですか？」

「いえ、私は行かないのです」

「絶対にやめなさい。こんなに幼い我が子と平気で離れることができる、ということは、あなたが母親として一人前に育っていない、ということです。子どもがどう育つか、なんてことは二の次でいいんです。今あなたが抱えている問題は、あなたが親として異常だ、ということです。子どもと離れたくなくなるまで、しっかりと親をやりなさい」

そのお母さんは、私の講演を聞いたあとですから、アメリカの学校の危険性について話す必要はありませんでした。それに、アメリカの学校へ行ったからといって、必ず子どもが不幸になるわけでもありません。不幸になる確立が高いだけです。問題はこの家庭の親子関係です。

「御主人は何と言ってますか?」

「主人はさみしいから、と反対してます」

「御主人の言うことを聞きなさない。お主人は正常です。良かったですね」

帰る道すがら、お嬢様が、「あの子ですよ、さっきのお母さんのお子さんは」と言って、一人の女の子を指差しました。元気に三輪車に乗っているその子を見ながら、私は心の中で「良かったね。今日、私がお母さんと話ができて」とささやきました。そして、何かとても良いことをしたような気がして嬉しかったのです。

ＡＤＨＤ（注意欠陥多動性障害）

アメリカを知ることは、日本の未来、先進国社会の行く末を考える重要な手がかりになります。ＴＢＳ系列で、『ＣＢＳドキュメンタリー』という番組をやっていました。これはアメリカのＣＢＳ放送の人気番組『六〇Minuets』から選んで放送しているものですが、ぜひ、ビデオのタイマーを仕掛けて毎週ご覧下さい。

先日、ＡＤＨＤ（注意欠陥多動性障害）の特集をやっていました。その要点をまと

めますと、
その原因、実態は不明。試験方法もないこと。

ＡＤＨＤと診断された子どもたちの三分の二が「リタリン」という薬物を服用している。リタリンは抗うつ剤、興奮剤の一種で、警察が中学生のコカインと呼んでいること。

その他にも、プロザック、アデラルなどがあるが、副作用の問題で訴訟が起きているにもかかわらず、製薬会社は強力なセールスキャンペーンを行っていること。

現在、使用する子どもが数百万人と言われる、こうした、しつけのための薬物使用が、アメリカの慢性的な薬物依存社会、ドラッグカルチャーの土壌になっている、というのです。


日本でも放送されたこの番組を一本見るだけで、私が繰り返し警告している欧米先進国の「子育て」にかかわる末期的な情況が、はっきり見えます。精神科医やカウンセラー、心理学者と呼ばれる人たちが普及することが、いかに危険か理解できるはずです。彼らがすることと言えば、人間の異常な行動に名前をつけて、病気と定義すること。それだけならまだいいのですが、それを治すのに自分たちが貢献できると見せたいがために、人間関係を慢性的薬物依存の関係にすり替えてしまうのです。

園長先生の怒り

神戸の私立幼稚園の園長先生からお電話をいただきました。兵庫県では、幼稚園に「園児を朝七時から夜七時までなるべくあずかるように」という指導が、役所の方からあったそうなのです。それに対しての怒りと、「松居先生、何とかして下さい」というお電話です。

私は保育士会で話す時、とりあえず役場の指導や忠告は無視し、腹をくくって子どもたちの幸せ親たちの幸せを考えましょう、幼児虐待や女性虐待が増えない社会にするために、「親心」を耕しましょう、と言い続けてきました。そして、「そうですね。役場の言うことを聞かなくても、クビにはなりません。役場の保育課長なんか三年で代わるんだし、もと土木課長ですから」という意識が浸透してきました。

システムや情報、学問に捕われず、少しずつ人間一人ひとりが真剣に他人の幸せを考えはじめれば、社会は良い方向に動いていくはずです。それを今まで言えなかったのは、人々が自分の考えではなく、他人の考えに依存する習慣が、学校での体験を基に浸透してきたからでしょう。でも、日本というこの不思議な国の保育者たちは、そろそろ自分の頭で考え始めている。腹をくくり始めている。そうしなければいられない良心、親心を受け継いできているのです。

短い手紙

最近まで、保育行政検討会議委員を拝命していました。
保育所の待機児童を減らす？
どこに待機児童などという子どもがいるんでしょう。
子どもを自分で育てない、順番待ち保護者がいるだけじゃないですか。
保育所は、保育に欠ける児童をあずかってくれたら、それだけで良いんです。
公立保育所の民営化？
公立だろうが、私立だろうが良いんです。
これは大人の都合で、子どもには関係のないことですから。
保育にかける状況を意図的に作り出す保護者の存在が多いことを、
所管の児童課（今年から、子ども課）の職員は、分かっているんです。
小泉首相が『待機児童ゼロ作戦』なんて言い出すから、
余計に状況がおかしくなって……。

考えるよりどころ

茶毘にふされたラージガートにあるガンジーの碑文に刻まれた言葉。

Seven Social Sins　（七つの社会的犯罪）

1. Politics Without Principles　（理念のない政治）
2. Wealth without Work　（労働に基づかない富）
3. Pleasure without Conscience　（良心を伴わない喜び）
4. Knowledge without Character　（人格を伴わない知識）
5. Commerce without Morality　（道徳心を伴わない商い）
6. Science without Humanity　（人間性を忘れた科学）
7. Worship without Sacrifice　（犠牲を伴わない信仰）

夢を持ち命を縮めることについて

最近、全国各地の保育士会やＰＴＡの大会で講演する機会が多いのですが、ある市役所で講演を頼まれた時のことです。

　役所は行政が作った政策を実行に移す仕事をしていますから、往々にして「行政や政治家が作った仕組み」の矛盾やほころびがまっ先に現れる場所にもなります。最近は日本でも大衆の間に権利意識が強くなり、人生が自分の思うようにならないと自分を見つめず役所に文句を言いに来る人が増えています。

　ところが、制度に組み込まれているとはいえ役所の職員もまた「人間」です。仕組みの一部になりきろうとしても感情がありますから板挟みになって内心憤慨している場合も多いのです。

　幼稚園や保育園にしても役所の窓口や福祉の現場にしても、人間たちと実際に接点を持つ「現場」の人たちの気持ちを行政や政治家がそこそこ汲みとっていけば、より良い人間社会は必ず作れるはずなのですが、行政や政治家は、専門家、知識人や文化人といった現場をあまり知らない人たちの発言ばかり聞いています。その人たちの学問的フィルターを通してしか情報を得ていないから、システムが行おうとしている危険な幸福論の書き換えの徴候に中々気づかない。役所の人は立場上、システムの矛盾を感じながらも自分の心を殺して生きるしかない。常識を持ち合わせている人間が心を押さえれば押さえるほど社会に自制心がなくなっていく。これは矛盾しているように聞こえますが、実は心が鈍感になった時の方が人間は危ないのです。

学校教育で、「子どもの自主性を大切に」とか「自由な発想」などという言葉が使われ、社会は人々が自らの思いを素直に語ることを奨励しているように見えます。でもそんな理想は役所では通用しない。システムを動かす現場の人間が感情を自制することで健全な常識が崩壊し、幸福への自然な流れが曲げられ、子どもや女性に辛い残酷な社会になっていくのです。子どもや女性に辛い社会になればなるほど、社会における治癒力、癒しの力が弱まり、ますます凶悪な犯罪が増えてゆく。この幸福感と治癒力の関係は非常に大切な関係で、ここに心理学やカウンセリングが介入してくると自然治癒力のバランスが壊され非常に危険な状況が生まれます。

（最近小学生を突然襲う事件が増えています。これを本気で減らそうと思うなら、精神異常者の人権をある程度無視するしかない。私はそうすることが良いとは思わない。正しいこととも思えない。これはあくまで選択肢の問題です。社会が「人権」という言葉を使い常識を麻痺させる。それならば、変質者が野放しになるのは仕方ない。この状況を自分たちが選んだ選択肢として受け入れるしかない。私が一番腹が立つのは、小学生が襲われると社会がおかしくなってきたと言い、一方では人権人権と騒ぐ無責任な連中です。もっと具体的に「変な人を野放しにすれば、変な事件は起きる」と単純に言えばよいのです。しかし、「変な人」なんて言葉を使えばそれこそ人権問題。本音の言えない社会、配慮の社会はいずれ行きづまるのです。

援助交際が問題になるでしょう。私はそれが良いとは思わない。正しいこととも思えない。しかし、もし社会全体のコンセンサスとして、「趣味」として、少女たちのこの行いを減らそうと思うなら、教育界や文化人や専門家は「自由にのびのび」とか「個性を大切に」とか「自立を目指そう」などと言ってはいけない。援助交際は、少女たちが自分の自由意志で、自立を目指し、個性的に経済活動の選択をしているに過ぎない。社会が「自由」「自立」「個性」という中途半端な言葉を使って生き方における美意識を麻痺させている。これでは子どもたちに罪の意識は生まれない。これもまた自分たちが選んだ選択として受け入れるしかない。）

話を元に戻しましょう。以前、保育士をしていた役所の子ども課の女性が言うのです。

昼は保育園に子どもをあずけ、夜は親元に子どもをあずけ合コンばかりしているシングルマザーの友人に「子どもが小さいうちはなるべく一緒にいてやりなよ。どうせ中学生になったら親には見向きもしなくなるんだから」と忠告したのだそうです。するとその友人は「それまで待っていたら、私の人生終わっちゃうわよ」と言い返したと言うのです。

（注：私はこの「シングルマザー」という言い方が嫌いです。英語を使って母子家庭が現代の流行であるかのように見せるねらいがあるからです。そうすることで大人たちが後ろめたさから逃れる、人間が後ろめたさを感じなくなったら社会からモラル・秩序が消えます。人間の成長が止まります。「シングルマザー」「バツ1」「カウンセラー」といった言葉には、日本という個性ある国が作り上げてきた子育てに関する文化を壊そうとする、欧米指向の改革者たちの大人本位の意図が読みとれるのです。「母子家庭」「離婚」「相談員」でよいのです。）

このシングルマザーが言った「それまで待っていたら、自分の人生が終わっちゃう」という感覚は本心でしょう。人間はよほど強くないと一人では寂しくて暮らせない。子どもがいたとしても性行為の対象となる異性のパートナーを求めるのは自然なことです。だからこそ、出産後は、ある程度子育てに集中できるように、結婚、夫婦、家庭という形・ルールを作って女性が不安になることを防いできたのです。性的役割分担も、結婚も、家庭も、夫婦同性や家長制度、突きつめて言えばカースト制度や士農工商にいたる差別制度も、文化人類学的に言えば、「子育て」を中心に生まれてきた様々なルールなのです。そのすべてが正しいとも、素晴らしいとも私は言いません。バランス、落とし所の問題であり、個人またはその文化の趣味の問題です。絶対的正解はない。趣味の違いが選択肢として人類には必要なのだと思います。しかし、今の日本の状況を見ていると、「子育て」を幸福論の中心には置かなくなった欧米の考え方を追い過ぎている。「子育て」の形やルールをある程度残していかないと、人間を人間らしく保ってゆくための癒し、自らの善性を引き出される幸福感が社会から消えていく。

「今を逃したら私の人生終わってしまう」というシングルマザーの発言を生んだ先進国社会特有の問題点は、母親の中で、異性のパートナーを求めようとする気持ちが子どもを育てようという気持ちに勝っているという現象です。こういう親が、昔から少数派として存在するのは仕方ない。それもまたダーウィンの進化論「適者生存」の一部でしょう。しかし、こういう親心に欠ける親たちが多数派になった時に、尋常でない社会が生まれるのです。

ライオンや熊のオスが、メスの発情を促すためにメスが育てている子どもを殺す習性はよく知られています。人間の子育て放棄、幼児虐待もまた「異性間の絆」と「親子間の絆」の対立が原因になっているのです。まさに人間の動物化です。（まあ、人間は動物なのですが……。）この「異性間の絆」と「親子間の絆」の対立を避けるため、年月をかけ人間は社会のルールや生活習慣を各々の文化の中で作り、結婚、家庭、性的役割分担といった取り決めが存在してきたわけです。こうした取り決めが、学問の普及から生まれる「慣習への疑問」と「論理性を祈りに優先させる習慣」、そして、個人の夢（欲）をかりたてる消費社会の発達、経済競争の急激な広がりによって薄れはじめ、ルールや常識の保護を必要とする弱者たちを苦しめはじめているのです。

（子どもや女性を弱者と表現すると、それだけで目くじらを立てる人たちがいますが、再三書いたように、「弱者」こそが社会に必要な要素であって、弱者の存在が人間社会にモラルや秩序、「善性」を生み出しているのです。最近あらゆる分野で「癒し系」と呼ばれる者たちが、それをよく表わしていると思います。音楽家などというものは決して強者には分類されないのです。）

「慣習への疑問」、これは当然の結果かもしれません。それで成り立って来たとはいえ、女性に基本的人権が認められないような人間社会が、日本でもごく最近まで当たり前だったのです。アメリカではつい三十年ほど前まで、いくつかの州で白人と有色人種の結婚さえ認められなかったのです。そうした不条理を改善するために「学校」「学問」は重要な役割を果たし、それは良いことだったと思います。しかし、この「慣習への疑問」が勢い余って家庭や親子の関係さえも一気に壊そうとしている。皮肉なことですが、大学や学問が普及したおかげで、人間社会が、ライオンや熊の次元に戻ろうとしているのです。

ここで取り上げたシングルマザーの友人の発言が、母子家庭の母親の本音になってきたのだとしたら、「自分の人生を大切に」という言葉がいよいよ日本の社会にも浸透してきたということです。これでは親心は育たない。

自分の人生を大切にする。その結果、自分の人生を男女が惹きつけあうことのできる正味期限付き人生に短縮している。馬鹿げたことです。

アメリカにおける同性結婚を認める動きについて

サンフランシスコで、市が同性の結婚に対し結婚証明書を発行し始め、アメリカ全土から同性愛者が結婚証明書を求めて集まって来ている、というニュースをテレビや新聞の報道で目にした方も多いと思います。人間社会の幸福論の変化が如実に現れています。

私は「異性のパートナーを求めようとする気持ちが子どもを育てようという気持ちに勝っているという現象」について前述しました。この現象の「異性の」という部分を排除すれば、アメリカ社会の動きが見えるはずです。

本来、「結婚」という形は「子育て」に都合のいいルールでした。だからこそ、異性間においてのみ認められていた。認められていた、というよりそれしか状況的に考えられない「形」だったわけです。異性の間にしか子どもは生まれないわけですから。しかし、「子どもを生むこと」と「子どもを育てること」の分業化が、保育や学校によって進められ、その結果、血のつながり、血縁、家族という概念が薄くなり、連れ子の関係、義理の関係、里親制度が当たり前に受け入れられるようになった。福祉が進み、血のつながり、血縁、家族がなくても、社会がある程度生活を保障してくれる。そして、「子育て」が幸福論から外れ始めたのです。

同性結婚という形は、人間が子どもを生むこと、育てることに社会の基盤を置かなくなった、幸福の基盤を置かなくなった象徴的な出来事です。

国連での演奏

ニューヨークの国連本部で演奏しました。NYには何度も演奏に行っていますが国連は初めてでした。教科書で見覚えのあるあの建物がちゃんとありました。

国連の機関WFP（World Food Program）主催の会でした。この演奏がきっかけになってこれから一年間、地球の飢餓を少しでもなくすためWFPに協力するのです。この話を最初に私たちにもちかけて来たハナと初めて会いました。知的で物静かな年輩の女性でした。英語に強い訛りがあります。ハナの国籍はどこだろう、と私は思い

国連で、アナン事務総長夫人を挟んで家内と。
安保理よりも女性の笑顔のほうが地球には大切です。

ました。

ローマのＷＦＰの本部から来た人たちも含めて夕食をしました。「アナン事務総長が来てくれるといいね」という話が出ました。二日前、サダム・フセインが捕まっていました。

「アナン夫人は来てスピーチをします。事務総長は時間が許す限り夫人と行動を共にする愛妻家だから来るかも知れない」とハナが言いました。

テーブルに座っているのは、ベルギー人が二人、フランス人が一人、アメリカ人が一人、私たち日本人が二人でした。（ハナはベルギー人でした。）ベルギー人をフランス人がどうやって馬鹿にするか、という話しになりました。フランス人をベルギー人がやっつける時のきついジョークがいくつか披露されました。日本だったら言葉狩り、人権問題に発展しそうなやり取りが大笑いの中で飛び交います。フランス人対アメリカ人の話が終わって、「日本人は中国人を馬鹿にする時はどうする？」という話になりました。

戦後日本の民主教育を受けている私は言葉に詰まってしまいました。ヨーロッパのように国境を接している国々では、こうした人種や宗教を馬鹿にしあう言動は日常茶飯に存在します。お互いに言いたいことを言い合っていたほうが安心感があるのだと思います。文化や習慣が違うなら摩擦は起こって当たり前。日常的に相手の文化をけなしあうことで自らの文化の個性が守られるわけですから。日本人が言う「国際人、国際化」などという間抜けな考え方は国際社会では通用しません。日本の首相をこのテーブルに引っ張って来て、これが国際社会なんだよ、と教えてやりたい気がしました。

サウンドチェックも含め何度か国連のビルに入るためのセキュリティーチェックポイントを通りました。荷物検査を受ける度に、国連の徽章をつけた警備員が荷物を投げ置くのです。国連なんだろう。もう少し丁寧に扱えばいいのに、と思いました。九時に来るはずの職員が二十分も遅れてきて何の謝罪もしない光景にも出会いました。態度の悪い発展途上国（失礼！）の税関職員のような感じです。役人はどこも同じかもしれませんが、もう少し礼儀作法があってもいいのでは、国連なんだから、というのが正直な感想です。もっと正直に言うと、国連職員が全員日本人だったらもっと地球はうまくゆくのではないかと思いました。

国連職員の九割が米国以外の人だと聞きました。こんな職場で世界の情勢が論議され方向が決まってゆくのかなと思うと、人間社会の難しさ、多様さをあらためて実感しました。日本から見る「国際社会」は幻想でしかなく、秩序もモラルも思慮の浅いパワーゲームの表層でしかないのではないかと不安がよぎりました。

演奏の前にアナン夫人と、米国民主党の元上院議員マクガバン氏がスピーチをしました。ニクソンと大統領選を争ったマクガバン氏は、私たちの年代には懐かしいハト派の大物政治家です。老人は言いました。「貿易センターの死者数の八倍の人が毎日飢餓で死んでいます。飢餓を無くすことがテロを減らす一番の近道です。餓える人たちが地球にいる限り、ビン・ラディンは自爆志願者をリクルートできるのです」

現在二分されているアメリカの一方の良心を感じホッとしました。しかし、会場の多くの人たちがこのスピーチに真剣に耳を傾けていなかったのも事実です。一度戦争を始めたら、心を一つにしよう。戦場に兵士がいる限り公にはなるべくそのことを非難しない、という根強い伝統がこの国にはあります。

翌日、ハナに国連を案内してもらいました。大量破壊兵器の展示コーナーがあって、長崎から持って来られたマリアの像がありました。被爆当時の広島の写真がありました。昔、私をアウシュビッツに連れて行ってくれた原爆の図の丸木峻、位里先生を思い出しました。

私はハナに「アウシュビッツに行ったことがあるよ」と言いました。ハナが顔をこわばらせて言いました。「私は絶対行かないわ。私の母はあそこの生き残りよ」

国連の建物がただの石に思えました。

マンザナの日本人強制収容所

正月早々、スタジオに入りました．以前から頼まれていた「マンザナの日本人強制収容所」のドキュメンタリー映画に音楽をつけるためです。第二次大戦中、アメリカに住む日系人のほとんどが日系というだけで収容所にいれられたことは御存じの方も多いと思います。カリフォルニア州シエラネバダの麓にあるマンザナはその中でも一番大きな収容所です。そこに記念館が作られことになり、館内で上映される短編映画の音楽を依頼されたのです。（www.nps.gov/manz/）

私はアメリカに二十七年住んでいます。尺八という伝統楽器を演奏するので、ロサンゼルスを中心とした日系コミュニティーとの接点も多く、マンザナを体験した一世の老人たちとも出会いました。収容されていた人たちの中に何人か尺八を吹く方がいたことを聞いていました。自由の国、という幻想を抱いてアメリカに渡った人たちにとって、財産を没収され数年間の収容所生活を余儀無くされ、終戦後はバスの片道切符と二十ドルを手渡され追い立てられるように釈放されたマンザナの記憶は、人生におけるもっとも過酷で屈辱的な体験だったと思います。収容所の中で、日本に対する一世たちの思いと、アメリカに忠誠を尽くそうとする二世たちの思いが分裂、対立し、時には暴動にまでなったこと。日系人に対する敵対意識をぬぐい去ろうとヨーロッパ戦線に志願し特攻隊的な役割を果した二世部隊。両親が母国でキャンプに収容されている状況下、戦死していった若者たち。様々な記憶と思いが込められた記録です。荒れ地に設営された収容所に、日本庭園を造って癒しを求めた仕事師たちがいます。

イタリア系、ドイツ系アメリカ人は収容されなかった、という現実。マンザナの歴史はアメリカ民主主義の汚点、アメリカという国を象徴する差別の歴史でもあるのです。

日本ではあまり知られてはいませんが、終戦後日本に進駐してきた米軍のトイレは、白人用黒人用にわけられていました。国が管理する軍隊でさえ法で差別が行われていた。その国が「民主主義」を叫んでいた。今も叫んでいる。それが現実です。私たちはそういう国で音楽をやっている。それがジャズの歴史でもあるのです。

現在のイラク情勢の中で混乱した状況を押さえようと、アメリカ軍が旧フセイン政権のバース党員を警察官に雇おうとしてひんしゅくを買ったという報道がされました。第二次大戦中の日本軍の占領が終わり、過去のフランスの植民地政策から独立しようとしたベトナムで、フランス軍がいままで敵対していた日本軍を使ってベトナムの独立運動を押さえ込もうとした歴史が思い起こされます。

ＦＡＳ（胎児性アルコール症）についての報道

最近、ビールの製造メーカーが自主的に、「妊娠中のアルコール摂取は胎児に悪い影響を与える恐れがある」という警告をラベルに記載し始めたことをきっかけに、胎児性アルコール症（ＦＡＳ）のことがテレビや新聞で報道されました。十五年前から連載や講演でこの問題の重要性を提起し続けてきた私には嬉しいニュースです。しかし、やはり遅きに失している。しかも、やるならもっと徹底したキャンペーンをしてほしいと言いたいのです。政府が強制的に表示を義務づけることが大きくなるからその前に酒造会社が自主的に、といった観がありました。

欧米でははっきりと認識され、十五年前から米政府が酒造会社やアルコールを販売するレストランやバーに、徹底して警告の掲示を義務づけてきたことがなぜ日本でできなかったのでしょう。この十五年間にどれほどの親がＦＡＳの危険性を知らずに妊娠中にお酒を飲み、親子で犠牲になってきたかを思うと腹立たしくもあるのです。いま問題児、ＬＤ児、ひきこもり、自閉症、多動と呼ばれる子どもたちの何割が実際にＦＡＳかを調べる術はありません。しかし、アメリカの統計から類推すれば、こうした行動に異常がある子どもたちの少なくとも二～三割がＦＡＳであろうことは容易に推測できます。

ＦＡＳの一つの重要な特徴として、善悪の判断がつきにくい、ということが言われているのですが、最近の奇妙な犯罪、少年の暴力的奇行のかなりの部分が、ＦＡＳに対する認識を妊婦に徹底させていれば防げたはずです。ＦＡＳはしつけの問題と勘違いされやすいため、子育てに自覚があり一生懸命やっている親たちや教師、周りでその子に成長に責任を感じる人たちをも苦しめます。ＦＡＳは治療できません。それがまた親子関係に生涯の苦難を強い、将来にわたって学校や福祉といったシステムに大きな重荷を背負わせるのです。

情報を得ていながら対策をとらなかった厚生労働省。社会的な批判が強まるまで黙って儲けようとしていた酒造会社の責任は重い。もしこれがアメリカなら巨額な訴訟事件に発展しているでしょう。タバコの製造元が肺がんの危険性を知っていながら喫煙の宣伝をした、ということで莫大な損害賠償を請求されるのです。海外で認知され医学的にも統計的にも証明されているにもかかわらず、ＦＡＳに対する警告義務を意識的に怠ったわけですから、三菱トラックのリコール隠しどころではない。ひょっとすると薬害エイズ訴訟をはるかに越える巨額な訴訟事件になりうるはずです。

妊婦が飲酒をしないことで防げるＦＡＳに対する知識・認識を、幼稚園や保育園を通して是非親たちに徹底させて欲しいのです。政府が積極的にやらないのなら現場がやるしかないのです。三歳児の母親はこれから妊婦になる可能性が高い。ＦＡＳの子どもが一人いるだけで、園や学校のクラスが成り立たなくなったりもします。将来ＦＡＳに苦しむ一家が増えないためにも、ぜひ、園便りなどを通じて注意を呼びかけてほしいと思います。

抗うつ剤の普及と自殺の増加

先日、群馬で講演した時のことです。保育士会が主催する親向けの講演会でした。親子で千人ほど集まり、日曜日だったのですが講演の間保育士たちが子どもをあずかってくれるため参加者は安心して聞けるようになっていました。駐車場係を任されたお父さんが青い旗のついた旗竿を、「こっちですよー」と左右に振っている姿を見て、ああ、日本にはまだ希望がある、と思いました。しかし、こんな講演会に出て来る親たちは問題ないのです。講演のあと、園長先生たちから、ここに来ていない親たちの現状を聞いていると、それはやはり全国共通の危険な実体でした。

群馬の保育士会には私の五時間講演ビデオがあるはずです。私の人生最長の講演をしてから七～八年になるかもしれません。その時、まだ私の話が海の向こうのことのように思えた、日本はそんなにひどいことにはならないだろうと思っていた、と園長先生はおっしゃるのです。でも、その時の話がいま日本で現実になってきていると心配そうに言うのです。全国的に見ても保育園ではすでに三割近くが母子家庭でしょう。幼児虐待も目に見えて増えています。保育園だけとって見れば欧米並の家庭崩壊、子育て放棄が始まっているのです。

そこである園長先生から聞いた話ですが、群馬では多動の子どもにリタリンという薬物をすすめるように保育園に言ってきているそうです。これがいかに効き目がある薬物か。しかし、薬物依存を教育システムを使って進めることがいかに危険かをアメリカで見てきた私は、背筋が寒くなりました。家族の信頼関係、先生と親たちとの親身な関係を崩壊させるカウンセラーや精神科医、製薬会社の魔の手が、いよいよ日本の保育界にまで忍び寄ってきているのです。

私たちのようにネット上に英語のホームページを持っていると、いわゆる迷惑メールから逃れることはできません。英文で、発信源は大体アメリカ・カナダですが、そうした迷惑メールの大半が、バイアグラなど性生活に関する商品セールスとプロザック・リタリンなど抗うつ剤の安売り広告です。アメリカにおける人々の関心の主要部分が、性生活と自分の精神的病になってきているということです。性生活への関心はインターネットや映像産業に占める割合いを考えれば全人類的なものと言えるでしょう。しかし、精神的病がこれだけ産業になるというのは人類の歴史始まって以来のことだと思います。宗教の代わりを薬物がするようになったのでしょう。四人に一人が精神科医の世話になる国です。仕方ないと言えばそれまでなのですが、この異常現象が利権をからめつつ先進国社会全体に野火のように広がっています。教育システムの普及を体験した人類はいま、学問という論理性にゆきづまり、精神の拠り所を求めて、薬物派と宗教派に二分されようとしているのが私には見えます。

今年一月、アメリカで青少年の自殺者の増加は抗うつ剤の副作用の影響、と製薬会社を相手取った訴訟が、自殺で子どもを亡くした親たちから起こされました。学校のカウンセラーがすすめる抗うつ剤使用が、麻薬やアルコール依存症の増加につながっているという指摘や、報道は過去にもずいぶんされていましたが、自殺の増加と抗うつ剤の副作用を結びつけた訴訟は今回が初めてで、全米のニュースになりました。訴訟社会アメリカでは、弁護士たちは成功報酬制です。お金になる勝算があると思わない限り、全米のニュースで報道されるような訴訟ケースには絶対にならないでしょう。抗うつ剤の普及と子どもたちの自殺増加を関連づける数字が出始めているのです。

二〇〇二年にアメリカで処方された抗うつ剤のうち、一千万件が十八歳以下の子どもに。五歳以下を切り捨て単純計算で、義務教育を受けている子どもの五人に一人が抗うつ剤を使用している計算になります。五人に一人の子どもがうつ病の症状を見せる社会も異常ですが、五人に一人の子どもに抗うつ剤を処方してしまう国、というのはもっと異常だと思います。

欧米の製薬会社にとって、利権は人道に優先します。発展途上国に対するエイズ治療薬の廉価な普及を阻止したり、コピー薬の発展途上国への輸出を特許法を根拠に差しとめたりする姿勢が、それを物語っています。利益はすでに先進国社会におけるセールス実績で確保されているのですから、購買能力のない発展途上国の患者に対し儲けを度外視して人命救済にあたるのが、先進国社会の慈悲心でなければいけないと思います。

戦争反対を装いながら武器を輸出し、自国で禁止された薬物や製品を発展途上国に売りつける。廉価に製造できる薬でも開発費の回収を理由にコピーさせない。こうした現実がある限り、私は欧米社会のチャリティー精神を信用しません。

米軍のイラク人虐待事件

アメリカ軍がアブグレイブ収容所で行っていたイラク人に対する虐待やハレンチな行為が国際的に問題になっています。

ＣＮＮやＢＢＣの報道を見ていると、その取り扱い方と重要性は日本の比ではありません。キリスト教圏の道徳的な当事者意識に加え、相手が長年敵対してきた回教圏ということもあるのでしょう。人間たちのモラルの本質が問われています。

しかし、ああいう事件が程度の差こそあれアメリカ国内の留置所や刑務所で有色人種に対して頻繁に行われてきたことは、アメリカに住んでテレビのニュースを見、新聞や雑誌の報道を読んでいる人なら誰でも知っていることです。ほとんどのケースが闇から闇へ葬られてきたわけですが、稀にそうしたことが映像で流れたりすると暴動に発展したものです。南部のいくつかの州で、つい三十数年前まで黒人と白人の結婚さえ認められていなかった国、黒人の子どもが白人の子どもと一緒に公立学校に行くことを許されなかった国です。差別の土壌は、日本では考えられないくらい根深く、人々の意識や生活の中に強く残っています。私も有色人種ですからビジネスや生活をする上でひしひしとそれを感じます。そういう中で、アラブ人に対する人種差別意識、宗教差別意識、それに敵対意識が加わったのですから、ああいう事件が起こって当たり前かもしれません。

その後の報道を通じて、大統領や政府高官の対応を見ていると、一応謝罪しても選挙戦の体面のためであって、本気で謝罪しているとは思えないふしがあります。差別の土壌がすでにあるため、アメリカ人は基本的に「相手の身になって考える」ことが苦手です。だからこそ、大統領がこの期に及んでまだ「イラク人のための戦い。自由と民主主義のための戦い」と平気で口にできるのです。

あの事件はデジタルカメラの普及によって公になりましたが、戦場でもっと悲惨で理不尽な行為が頻繁に行われていただろうことは、容易に想像がつきます。第二次世界大戦中の日本軍だって、もしそこにデジタルカメラがあったら、その残忍さと悲惨さに私たちは強いショックを受けたはずです。人間がこうした残忍さを持ち、しかも、他人を傷つける行為に快感を覚える動物であることは、ハリウッドのアクション映画を数本見ればわかります。アブグレイブ収容所で笑いながらイラク人を辱める米軍兵士の顔は、快感に満ちた顔です。その向こうに人間の性、そして、アメリカ社会に蔓延した幼児虐待、女性虐待を私は見ます。強者の歪んだ幸福論があるのです。

幸福論が歪んでゆく。地球全体で歪んでゆく。強者であることに快感を感じる幸福論が子育ての幸福論に勝ろうとしている。そして親心がテロリズムに救いを求めようとしている。「アメリカンドリーム」に始まり「女性の社会進出」、そして「自分の人生を大切にしましょう」という言葉にいたるまで、競争に人々を駆り立て、不安と不満を抱かせてマネーゲーム、パワーゲームに参加させようとする一握りの強者たちの策略が、その対極にある「親心」を少しずつ希薄にし、人間から善性を引き出すという幼児の存在意義を無力にしていきます。社会に優しさが消え始める時、人種差別意識、宗教差別意識、敵対意識がますます解決不能な対立を生み、憎しみを深め、「夢＝欲」の残酷な快感を幸福論として地球にばらまき始めるのです。イラクにおけるアメリカ軍の行為は、こうした流れの象徴です。

（アメリカで刑務所に収容されている囚人の数は二百万人を越えました。人口の百人に一人、男性の七十五人に一人が今この瞬間刑務所に入っています。）

あの事件がこれほど世界から注目され、攻撃されるのは、その背後に「イラク人のために」とか、「民主主義のために！」と叫び続けるアメリカ政府の相手を未開人野蛮人扱いする尊大な態度と矛盾があるからでしょう。それは欧州人がアメリカインディアンを征服、虐殺して来た歴史の中にもはっきりと出ています。一五〇年前、欧州人は既に所有権を理解している中国人に対しては、アヘン（麻薬）を使いました。このあたりがカウンセラーを普及させ、うつ病を病気と定義し、抗うつ剤で儲けようとする現在の欧米の製薬会社の動きと重なっていて無気味です。歴史は繰り返すと言いますが、人間の欲の流れには一定の法則があるのです。

幼児が私たちから本性を引き出す。そして、私たちの本性（個性）には良い面も悪い面もある。それを私たちに自覚させるのが幼児です。そして、この絶対的弱者たちが我々から引き出す善い性分が、悪い性分を上回っていたから人類はまあまあ進化し繁栄し続けて来た。「親心が育つ」という鍵が人間社会にあったから、引き出されるべき善性は悪性を上回ってきた。この親心が育つ機会を奪うと、本性のうちの悪い性分が善い性分に勝ってしまうのです。その分岐点に私たちは立っている。しかもそこに薬物という人類が未経験の要素が加わってきているのです。

薬物とイラク戦争

イラクに駐留している米軍の暴挙と同時に、今回のイラク戦争では米軍兵士に自殺者が非常に多いことが以前から問題になっています。最近この二つの事象を関連づける薬物の存在が指摘されています。米軍兵士がマラリア予防のために毎週服用している薬が、うつ病やパニック症状、恐怖や悪夢の体験、といった精神障害の原因になっているというのです。この薬物の副作用についてはすでに国際機関による研究がされていて、使用者の三十%に何らかの精神的副作用が出ることが指摘され、国連軍や多国籍軍ではその使用が中止されています。しかし、米軍だけこの薬物を兵士に毎週服用させているのです。この薬による異常な精神状態、及びその精神状態に対応するために与えられる抗うつ剤が、自殺や残虐行為の一因になっているのではないか、という指摘がメディアを中心に起こっているのです。

この連載は保育者向けなので詳しいことは省略しますが、私がここで言いたいのは、薬物（抗うつ剤など元々精神的な効用をねらったもの以外の物まで含めて）には、人間の精神に影響を及ぼす副作用の危険性が常にあるということ。人間の精神、脳というのはそれほど微妙で複雑で未解明な部分が多く、それ故に薬物が絡むと人間の異常な行動の原因の特定が非常に難しくなること。にも関わらず「専門家」と呼ばれる人たちが医療、治療の名目で薬物の普及を急速に押し進めていること。そして、繰り返しますが、こうした薬物で知らぬ間に引き起こされた精神障害が、人間社会に新たな薬物依存や麻薬、アルコール依存を生んでゆくということです。専門家を無闇に信用してはいけません。ちなみに、米軍がその使用をやめようとしないこのマラリア予防薬は、ベトナム戦争時、米軍によって開発され、その販売に米軍の利権、特許権がからんでいるのではないか、とも言われています。

幼保合同講演会依頼書

（講演を引き受けると、やがて講演依頼書というのが送られてきます。その典型的なものを御紹介します。）

このたびは、講演依頼を快くお引き受けいただき、ありがとうございました。当市では公立幼稚園は五歳児のみ、四歳児まで幼児は公私立保育園に就園という形で長年保育が進められてきました。幼稚園は少子化に伴い、昨年から三歳児〜五歳児の就園、試みがスタートし、一七年度までに全園就園になる予定です。保育園には五歳児の学級ができました。一六年度からは幼稚園・保育園の職員の交流も始まります。

しかし、一方では、当市も幼保一元化の波に乗り、小規模園の廃園・統合や民営化が着実に進められつつあるようです。保護者のニーズ、子育て日本一、合併による保育料の値下げ……など、耳に心地よい言葉を並べ、実は幼児・現場抜きのコスト削減政策に向かっています。幼保一元化というのは、幼児のための政策だったにもかかわらず、幼児抜きで行政の都合のよいよう、進められています。私たち現場の職員は、動揺が隠せません。今まで自信をもちやってきたことが否定されているかのようです。特に幼稚園は、一六年度から、担当課が、教育委員会から出て新しくできた福祉部子育て支援課（旧児童福祉課）に業務が移される事になりました。

このような状況の中で、私たちにできるのは、今、幼児にとって一番大事なことは何かを学ぶことだと考えています。行政関係の人にも講演会に出席してほしいことは伝えました。よろしくお願いします。

政府の新少子化対策の骨子（厚生労働相二〇〇三年九月二〇日、首相に提出）

「少子化対策プラスワン」

働きながら子育てしている人向け

・子育て期間中の残業制限
・父親が産後最低５日間の休暇取得
・短時間正社員制度の普及（小学校就学までの勤務時間短縮）
・数値目標達成のための産業界要請
・育児休業取得促進奨励金の創設（看護休暇制度も含む）
・待機児童ゼロ作戦の推進
・パート向けの保育事業創設

子育てしている家庭向け
・親が情報交換する「つどいの場」づくり
・子育て支援相談員による情報発信
・買い物代行など生活支援サービスの普及
・公営住宅などへの多子世帯などの優先入居
・保育所を併設した住宅供給の促進
・育児期間中の年金額加算
・年金積立金を利用した奨学金制度

次世代の親向け
・中高生が乳幼児とふれあう場の拡充
・体験活動や世代間交流の推進
・若者の安定就労の促進
・食を通じた家族形成や人間性育成
・安全で快適なお産の普及
・赴任治療支援策の検討

目指していることは間違っていないし、悪くもないように思えます。これでも「女性の社会進出」一辺倒だった時よりは変わってきているし、「中高生が乳幼児とふれあう場の拡充」という項目は、私の言ってきたことを取り入れてくれたのかもしれません。しかし、表紙が変わっても現場が実感していることとのギャップは、ますます広がっているのです。私にくる講演依頼書を読めば明らかです。

子どものため、働く母親のため、地域のため、社会のためと叫んでも「待機児童ゼロ作戦の推進」という言葉が入っている限り、越えられない矛盾がそこにはあります。「待機児童ゼロ作戦の推進」は、親たちへのサービスであって、背後には増税対策があり、結果的に親子を引き離し、社会が親心を失うことの推進です。同時に、それは政治家の票獲得作戦であり、過去の失政の穴埋めであり、欧米並の犯罪国家への推進なのです。そうではない、本当にこれは社会のニーズなのだと言われても、そのニーズの背後にあるのは、子どものために自分の自由を犠牲にすることを良しとしない我欲の推進です。欲を捨て切ることはできません。しかし、欲を持つことを社会が推奨するには、人間はまだ不完全過ぎる。日本の人口の百人に一人が、刑務所で暮らすようになってから社会にもう一度親心を取り戻そうとしても、それはできないのです。

おわりに

この本を締めくくるにあたって、文芸春秋社刊の『日本の論点／二〇〇四』に依頼されて書いた文章を引用します。これが私の主張の総論です。

この本を感謝を込めて日本の保育者たちに捧げます。

モラルと秩序は「親心」から生まれた―子育ての社会化は破壊の論理

なぜいまが母性に思考の軸を置く時代か

幼児という絶対的弱者に関わり、人は優しさ、忍耐力、善性を引き出される。そして、大人たちから一定の善性が引き出されない限り幼児は存在できない。これは私たちが宇宙から与えられた進化のための法則であった。もう一歩進め、「宇宙が我々に自信を持って〇歳児を与えた」のは人間が引き出されるべき善性を持っている証し、と私は考えたい。しかし、この善性は引き出されるべき善性であって、引き出されるプロセスに幸福が伴って初めて人類は健全に進化できた。強者（親）が弱者（幼児）と関わることで人間社会にモラル・秩序が生まれた。

義務教育が普及すると、家庭におけるモラル・秩序の伝承が薄れ親心が育たなくなる。すると画一教育が困難になり学校が機能しなくなる。犯罪が急増し司法システムがモラルの崩壊にやがて追いつかなくなる。今や先進国にとって避けられない図式である。米国で今年生まれる子どもの二十人に一人が刑務所に入るという。学校や福祉といった仕組がいかに親子を不自然に引き離し、「親心」が育つ機会を奪っているかを考えれば自然のなりゆきではある。

親心が社会から薄れると、「愛」という幸福に不可欠なものが歪み、逆に不幸を生み始める。米国で少女の二割が近親相姦の犠牲者といわれ、虐待を受けた少女たちが温かい家庭に憧れ未婚で出産し幼児虐待の連鎖を繰り返す。現在地球を覆う非人間的な出来事の多くが、「親心の欠如」という人類史上かつてない異常な環境問題から起こっている。

私は日本の保育者たちに講演し始めて十五年。欧米の状況を伝えながら、「これ以上あずかったら親が親でなくなってしまう」という保育士たちの叫びに女性達の魂を感じた。今、「女性らしく考えること」が人類の進化の鍵を握っていると確信した。論理ではない母性に思考の軸を置く時代が来ている。

親から子を引き離した結果、生じる危険

八年前米国連邦議会に、犯罪を減らすため母子家庭から子どもを取りあげ孤児院で

育てようという法案が提出された。孤児院はコストがかかるが刑務所よりは安いという論議がされた。福祉はここまで行く可能性を持っている。（当時法案に賛成していた下院議長は、今回のイラク戦争を支持した国防最高諮問会議の五人のメンバーの一人である。ここに人類の未来の危険性を私は見る。）孤児院は虐待を受ける確率が少なく子どもには良い。しかしこれでは「親心」が育たない。人間の善性が引き出されない。社会に親心が満ちることこそが「子育て」の最大の意味であり、弱者に優しい社会が形成される土台だということを忘れてはならない。欧米は子どもの安全を考え親子を政府が引き離すという危険な一歩を踏み出そうとしている。システムが壊してしまった「人間性に依存した人間社会」を、システムを使って応急処置し続けるしか方法がないのだ。しかし欧米式応急処置には宇宙が我々に与えた幸福論が関わらない。親であることの幸福論、善性を引き出される幸福論、自己犠牲の幸福論が、勝つことに幸福を求める「強者に都合のいい幸福論」に呑み込まれつつある。

日本でも、自由、自立、個性を大切に、自己実現、社会進出、共同参画などという、競争に多くの人間を巻き込む意図で生まれた「危険な言葉遊び」が広まりつつある。人類存続に不可欠な親心、親身といった善性に関わる幸福論が、弱者の幸福論として排除されつつある。結婚は自ら不自由になることであり、出産はさらに不自由になること。そこに幸せがなかったら人類は進化出来ない。宇宙は私たちに「不自由になれ。

幸せになれ」と言って〇歳児を与える。そして、始めの数年間、完全に頼って生きる人生を全ての人間に平等に与えた。人は幼児と接し、自分も一人では生きられなかったことを思い出す。そうした頼り頼られる記憶の伝承が人間社会には不可欠だった。それが自由、自立という現実味のない言葉で排除されようとしている。

欧米で三割の子どもが未婚の母親から生まれていた時、日本は一％台だった。日本は選ばれた奇跡の国だった。それが、この五年急速に崩壊に向かい始め、保育園では母子家庭が三割近くになり、幼児虐待も急増している。母子家庭が悪いと言うのではない。女性より攻撃的な男たちに親心が育たない、幼児に関わる時間が減ることによって女性らしさ（母性）が社会から消え始めることが危険なのだ。

女性の社会進出は強者の幸福論にいきつく

「四人の九十五％が幼児虐待の犠牲者と言われ、虐待を受けている子どもたちを全員収容しようとすると、二百万人の子どもを収容しなければならない」（Time誌）という米国の現実を見つめ、欧米とは違った道、親心を社会に取り戻す道を模索することが日本に与えられた使命だと思う。アメリカンドリームという言葉に代表される強者の幸福論の対極にある、欲を捨てることに軸を置く「親心」に近い仏教的幸福論を土壌として持つ私たちの役割だと思う。地球には多くの軍事政権や独裁者が存在し、自由、自立、平等という言葉を武器に闘う必然性があり、それを教えるために学校が必要なことも分る。しかし、この自由、自立、平等という言葉が「親子」という社会の基盤となる人間関係と相容れないということ、学校が、親心が育つ機会を奪うことを私たちは、先進する人類の一員として考えはじめなければならない。

冷静に考えれば、国際化、グローバリゼーションという言葉が、欧米流競争社会に日本を引き込む強者の策略であることが見えてくる。競争社会は参加する人間、欲（夢）を持つ人間が増えるほど富が強者に集中する。国際化とは国境を越えて利潤・利権の追求が始まること、国際人とは、国境を越えて儲けようとする人のこと。幸福論の国際化は無国籍化を招き、人類が日本という選択肢（オプション）を失うことに他ならない。なぜ今米国の学校が日本に学び制服を取入れ始め、団地で川の字になって寝ている日本の親子を発達心理学者が研究し始めたか。日本という選択肢が遅蒔きながら欧米の学者たちの視野に入ってきているのだ。

「女性の社会進出」という言葉も強者の幸福論に行きつく。欧州人がアメリカ先住民を征服した手法を思い出してほしい。彼らはインディアンたちに土地の所有、権利という概念を「学校」を使って教えようとした。欲と不満（不安）を植えつけ、それをエネルギーに競争者を増やして行くのが資本主義の方法だからだ。待機児童は解消しようとすればするほど増えてゆく。親心を否定する方向へ動く幸福論の書き換えは、子育てをイライラの原因に変える。少子化対策も現時点では欧米並に女性を働かせようという経済学者の増税対策でしかない。これでは将来刑務所をいくつ作っても追いつかなくなる。孤児院で子どもを育てよう、ということになりかねない。

経済競争に負けた「強者」による幼児虐待

親たちのシステム依存は既に始まっている。専門家（学者）依存が進むと子育てに祈りがなくなる。人は祈ることで精神的健康を保つ。その原点が子育てだった。夫婦が親になり、共に祈り最小単位の社会が形成されていた。

心理学者への過度な期待とカウンセラーの普及が社会に致命傷を与える。育ちあいが消え、システム依存は薬物依存へと進む。米国の小学生の二十人に一人が画一教育を維持するために精神安定剤を飲まされている。子育てを損な役割と定義し幸福論を書き換えてしまうとシステムは薬物と共に崩壊へ向かう。

砂場で遊ぶ幼児を眺め、人は幸せが物指しの持ち方にあり、簡単に手に入るものであることに気づく。だからこそ、強者たちは人間と幼児を引き離そうとするのだ。

今、強者であることに快感を感じる米国型幸福論の国際化が、利子さえ許さない回教とぶつかり、野心を捨てることを幸福の柱とした仏教文化を呑み込もうとしている。経済競争に負けた強者たちが家庭でやるパワーゲームが幼児虐待である。保育者が

日々幼児の集団を使い親心を耕すことによって、弱者が強者の善性を引き出すという
ガンジーの非暴力主義が人類存続の真理として再発見されることを私は祈っている。
なぜなら部族間の闘争もまた親子の絆を深める伝統的手法であるから。

松居　和（まつい・かず）

1954年、東京生まれ。慶応大学哲学科からカリフォルニア州立大学（UCLA）民族芸術科に編入、卒業。音楽プロデューサーとして妻の松居慶子の全アルバムを含め60枚以上のCDを制作。自らも日米において14枚のアルバムを発表。

尺八奏者としてジョージ・ルーカス制作の「ウィロー」、スピルバーグ監督の「太陽の帝国」をはじめ多数のアメリカ映画に参加。

1988年、アメリカにおける学校教育の危機、家庭崩壊の現状を報告したビデオ「今、アメリカで」を制作。1990年より98年まで、東洋英和女学院短期大学保育科講師。現在は米国における音楽活動と平行し、日本で「先進国社会における家庭崩壊」「保育者の役割」に関する講演を教育関係者、父母対象に行い、欧米の後を追う日本の状況に警鐘を鳴らしている。

著書に『家庭崩壊・学級崩壊・学校崩壊』『子育てのゆくえ』『21世紀の子育て』（エイデル研究所）など。

（ホームページ　http://www.kazumatsui.com）

親心の喪失

2004年7月30日　初刷発行

著　　者	松居　和
発 行 者	大塚　智孝
印刷・製本	中央精版印刷株式会社
発 行 所	株式会社 エイデル研究所

102-0073 東京都千代田区九段北4-1-9
TEL　03(3234)4641
FAX　03(3234)4644

Printed in Japan　ISBN4-87168-377-X　C3037

情報化時代の子育て

西村　辨作　　　本体1500円

人類が脈々と引き継いできた子育ての方法やプロセスの中に現代文明の力が入ってきている。テレビやファミコンは　幼い子どもの発達にどう影響を及ぼすのか、なぜ読み聞かせがいいのかなどがよく理解できる。

こころの育児書

思春期に花開く子育て

原田　正文　　　本体1748円

子育ての結果は思春期に現れる側面がある。意欲ある、心豊かな人間に育てるためには、乳幼児からの積み重ね、適時性などの心の発達の法則がある。今、必要なのは「体の育児書」よりも、「心の育児書」だ。

子育て・子育ち・生活リズム（乳幼児編）

佐野　勝徳　　　本体1000円

生活リズムの確立で、楽しく豊かな子育てを。１日24時間を視野に入れた子育てと子育ちについて、親と先生が学び合い、語り合うための本。

佐々木正美の子育てトーク

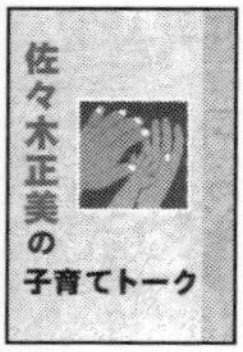

佐々木正美　　　本体1429円

連日のように報道される青少年の事件。成長の過程で、彼らに何が不足していたのでしょうか。見えるようでなかなか見えない幼い子どもたちの心模様、心豊かな子に育つための生活のヒントを説く保育者必携の書。

のびる子どもの生活と勉強

子育て·子育ち·生活リズム·小学生編

佐野　勝徳　　　本体1165円

子どもに重くのしかかっている様々な問題を取り除き、子どもは本来の姿を取り戻すために、大人は何をなすべきか。

アレルギー、小児成人病にならないための子育ての知恵

真弓　定夫　　　本体1262円

「氣・血・動」という三つの観点からの子育て論。〔氣〕とは、病気・元気の「気」、〔血〕とは食べ物、〔動〕とは遊びです。子育てとは、決して難しいものではなく、日常体験を通しての生活の知恵から学ぶものなのです。

子どもの自由世界

赤西　雅之　　　本体1262円

子どもは何を感じて、何を考えているのか、何をしようとしているのか。本書は「子どもの心の中」をのぞくことができる。

語りを現代に

ことばで　はぐくむ子どもの世界

矢口　裕康　　　本体2381円

親から子へ、子から孫へと語り継がれてきた口承文芸が、子育てに果たしてきた役割は大きく、それが途切れてきた現代にこそ語ることが大切である。

中川志郎の子育て論

―動物にみる子育てのヒント―

中川　志郎　　　本体1165円

知的早期教育の前にすべきことは、母と子の絆を強くし、信頼関係を醸成すること。そこから学習（躾）があり、教育がある。

機微を見つめる　心の保育入門

山田　真理子　　　本体1571円

現代は、「心の保育」がほんとうに大切。興味をもって、つぎつぎ読みすすんでいるうちに、読者の心も豊かになって、私も「心の保育」をこんなふうにやってみようという気持ちを起こさせてくれる…（河合隼雄氏推薦文より）

絵本のオルゴール

おかあさんわたしのこと好き？

さいとう　あきよ　　　本体1456円

三人の子どもたちが眠りにつく前に、静かに心をこめて読み聞かせをつづけたら、お母さんも子どもたちも幸せになって、子育てがとっても楽になった……すぐに実践したくなるエピソードがいっぱい。

おもちゃの選び方　与え方

『げ·ん·き』編集部　　　本体1311円

良いおもちゃは、生きる力となる知識や技を育む場を提供してくれます。だからこそ、本当に良いものを選び与えなければならない。